REHORULi®

Jonglieren lernen mit Erfolgsgarantie

Autor Stephan Ehlers

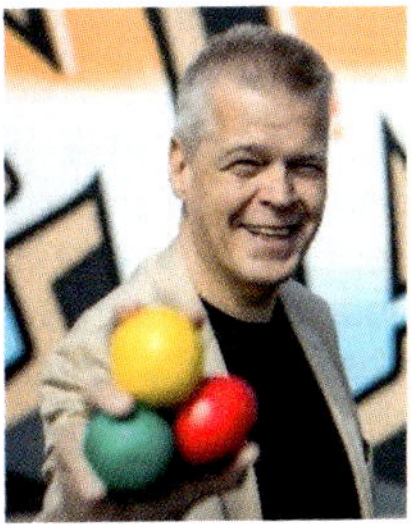

Stephan Ehlers ist Erfinder des Jonglier-Lernsystems REHORULI® und Experte für Jonglieren, Lernen und Gehirn-Wissen. In seinen Vorträgen verknüpft er aktuelle Erkenntnisse der Gehirnforschung informativ und unterhaltsam mit konkreten Tipps für die Umsetzung. Als Trainer, Speaker, Profi-Jongleur und Moderator hat er seit 1995 viele namhafte Firmen um Kreativität, Know-how und Ergebnisse bereichert.

Er ist Mitglied der GSA German Speakers Association und gehört zu den Top100-Entertainern bei Speakers Excellence. Weiterhin ist er Mitglied der auf „Gehirn-Wissen" spezialisierten Akademie für neurowissenschaftliches Bildungsmanagment (AFNB), Mitglied der Akademie für Potenzialentfaltung (Gerald Hüther) sowie Betreiber der Webseiten gehirn-wissen.de, gehirn-tipps.de, gehirnvital.de, Online-Akademie-Jonglieren.de sowie Autor mehrerer Bücher.

Das Jonglier-Lernsystem REHORULI® wurde von ihm 1995 entwickelt und erstmals 1999 u.a. im Internet (www.rehoruli.de) veröffentlicht. REHORULI® erfreut sich seither zunehmender Beliebtheit. Mehrere Auszeichnungen machen REHORULI® zum erfolgreichsten und meistgenutzten Jonglier-Lernsystem in Deutschland.

Im Juli 2003 gewann Stephan Ehlers in Berlin seinen ersten Weltrekord. Mit REHORULI® haben damals 54 Jonglier-Anfänger zeitgleich das Jonglieren in nur 60 Minuten gelernt. 13 Jahre später verbesserte er diesen Weltrekord beim Sportfestival in München: 119 Münchner schafften es, das Werfen und Fangen mit drei Bällen in nur 10 Minuten zu lernen (www.weltrekord. jonglierschule.de).

Mit 50 Titeln im Buchhandel ist REHORULI® Marktführer im Bereich Jonglier-Lernmedien. Die REHORULI®-Jonglier-Anleitung mit allen 34 Wurf- und Fangübungen ist aktuell in zehn Sprachen verfügbar. Im Web können unter www.Online-Akademie-Jonglieren.de alle Wurf- und Fangübungen kostenfrei abgerufen werden. Die Jonglier-Fix-App ist ebenfalls kostenfrei bei Google-Play und AppStore erhältlich. Die Jonglierschule München befindet sich in Nymphenburg-Gern (München) – es gibt Kurse für Schüler, Eltern und Großeltern sowie Jongliertrainer-Workshops für Lehrer, Trainer, Coaches, Weiterbildungsprofis und Gesundheitsberufe u.v.m.– siehe www.kurse.jonglierschule.de.

Impressum

Herausgeber und Autor: Stephan Ehlers, München
Illustrationen: Marvin Clifford, Berlin

Verlag
FQL Publishing, Lannerstr. 5, D-80638 München,
Tel. (089) 17 11 70 36, www.FQL-Publishing.com

2005 – 1. Auflage - Erstveröffentlichung
2017 – 2. Auflage - Komplett neu überarbeitet und ergänzt
2018 – 3. Auflage - Aktualisiert
2020 – 4. Auflage - Aktualisiert
2022 – 5. Auflage - Aktualisiert
2024 – 6. Auflage - Aktualisiert

ISBN 978-3-940965-00-4

Inhaltsverzeichnis

Inhaltsverzeichnis

Inhaltsverzeichnis

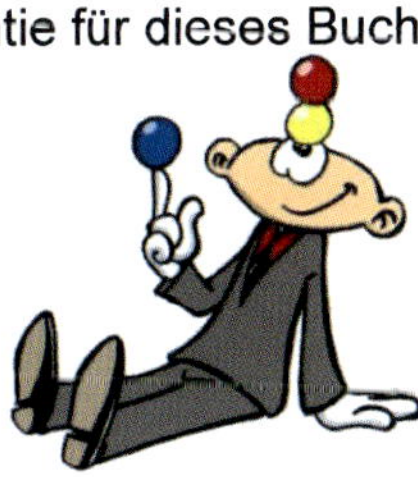

Ein Wort voraus

Auf welchem Weg auch immer Du zu diesem REHORULI®-Buch gekommen bist - vielen Dank und Gratulation! Ich freue mich, dass Du Jonglieren lernen möchtest. Denn so-zusagen "nebenbei" lernst Du auch viel über Deine inneren Kräfte und körperlichen Fähigkeiten - so wie es hundert-tausend andere bereits lieben und schätzen gelernt haben. Das Schöne dabei ist, mit REHORULI® wirst Du garantiert Erfolg haben. Warum das so ist und warum ich jetzt schon sicher bin, erkläre ich später. Sie entschuldigen bitte das "Du", aber daran müssen Sie sich / musst Du Dich gewöh-nen. Es ist besser, REHORULI® direkt und "persönlich zu besprechen“ bzw. zu erklären – deshalb die direkte, per-sönliche Ansprache. Immerhin wirkt REHORULI® auch auf Deine Person bzw. auf Deine persönlichen, körperlichen Fertigkeiten, Deine Gedanken und Gefühle.
Beim Jonglieren werden mehrere Sinne gleichzeitig angesprochen. Das Jonglierlernsystem REHORULI® vermittelt Dir Erfolgserlebnisse, stimuliert das gleichzeitige Arbeiten Deiner linken und rechten Gehirnhälfte und wird für kleine Glücksgefühle und AHA-Erlebnisse bei Dir sorgen. „Nebenbei“ stärkst Du spielerisch Deine Wahrnehmung und Dein Selbstvertrauen. Es werden also mehrere Gefühlsfaktoren angesprochen. Vor allem ist REHORULI® aber eine systematische Methode für das Erlernen des Jonglierens mit drei Bällen. Zuerst wirst Du mit den REHORULI®-Wurf- und Fangübungen Schritt für Schritt Deine Augen-, Wurf- und Fangkoordination verbessern ... bis Du fehlerfrei und erfolgreich drei Bälle jonglieren kannst.

Wie entstand der Name REHORULI®?

Bei der Namensgebung für dieses Erfolgs- und Jonglier-Lernsystem war es mir wichtig, einen Namen zu finden, der etwas verrückt, um nicht zu sagen "irre" klingen muss. Ein Begriff, den man nur mit Hilfe beider Gehirnhälften lösen bzw. verstehen kann – so wie das Jonglieren auch nur mit beiden Gehirnhälften zu lösen ist. Mil dem Begriff REHO-

RULI® kann man - so wie Du wahrscheinlich jetzt auch – auf Anhieb absolut gar nichts anfangen. Und das ist auch gut und richtig so, bzw. voll beabsichtigt. Denn REHORULI® hört sich genauso „gut“ an, wie die Vorstellung, drei Bälle mit zwei Händen jonglieren zu müssen. Beides klingt „verrückt“ – ist es aber nicht - wenn man das Wort REHORULI® oder die Hintergründe des Jonglierens Schritt für Schritt erklärt! Wenn jemand nicht drei Bälle oder drei andere Gegenstände jonglieren kann, hat er/sie zunächst überhaupt keine Idee, vor allem auch körperlich kein Gefühl dafür, wie man drei Gegenstände mit zwei Händen erfolgreich und sicher jonglieren kann. Mir und allen anderen Jongleuren ist das genauso ergangen. Es übersteigt die Vorstellungskraft und wenn man es ausprobiert, ohne es vorher systematisch zu lernen, wird das Frust-Erlebnis auch körperlich erlebbar und spürbar. Womit wir bei der einzigen Voraussetzung für REHORULI® wären: Jeder, der mit REHORULI® das Jonglieren lernen möchte, muss den Mut haben bzw. sich der Herausforderung stellen, etwas Neues dazu zu lernen. Das ist alles, was man mitbringen muss. Mut und etwas Ausdauer bzw. Geduld. Es wird nicht alles auf einmal klappen und vielleicht sogar kleine Rückschläge geben. Stell' Dich der Herausforderung dem Neuen gegenüber. Das ist alles, was Du tun musst. Die Betonung liegt dabei im "Tun" - immer wieder probieren, nicht aufgeben. Jeder kann Jonglieren lernen, jeder kann Erfolg haben. Ohne Ausnahme!

REHORULI® bezeichnet „Kompliziertheit“, Erfolgs-empfinden und Jonglieren-Können in einem Wort. Das eine geht nicht ohne das andere. Wer nicht jonglieren kann, kann auch nicht nachempfinden, wie sich das anfühlt.... REHORULI® ist insofern ein treffender Beschreibungsversuch, weil es etwas schwer Vorstellbares bzw. Unerklärliches beschreibt, was dennoch wahrnehmbar und sehr einfach in der „Ausführung“ ist. Wenn Du es nicht länger ertragen kannst, was denn REHORULI® nun genau bedeutet, dann kannst Du gern im hinteren Teil des Buches nachblättern, da wird es gelöst. Besser und spannender fände ich es jedoch, wenn Du es ohne Hilfe selbst herausfindest. Garantiert wird Dir die Lösung leichter fallen, wenn Du drei Bälle jonglieren kannst

– davon bin ich überzeugt. Der Begriff REHORULI® ist nur auf den ersten Blick überaus kompliziert – aber nach der „Auflösung“ sehr, sehr einfach (geradezu „logisch“) ... genauso ist die Kunst des Jonglierens! Für Außenstehende und Nicht-Jongleure sehr verblüffend und wirkungsvoll – aber sehr, sehr einfach für „Insider“ bzw. Jongleure.

REHORULI® & Jonglieren – Beides kompliziert und dennoch einfach!

Mit REHORULI® lernst Du also nicht nur Jonglieren, sondern auch sehr viel über den eigenen Umgang mit der Leichtigkeit und direkt spürbaren Erfolg. REHORULI® beginnt mit 15 Wurf- und Fangübungen zunächst mit ein und zwei Bällen, jeweils für die linke und rechte Seite, bervor Du erstmals zwei Bälle überkreutz wirfst. Diese Vorübungen werden nach und nach die Auge-Hand-Koordination verbessern helfen, aber auch das persönliche Erfolgs- und Glücksgefühl steigern. Alle Übungen sehen einfach aus, sind es aber nicht unbedingt. Das ist der Reiz... Grenzen bzw. Ungewohntes/Ungewöhnliches zu überwinden. Seine Wahrnehmung zu schärfen - Neues dazu zu lernen. Spätestens, wenn Du drei Bälle jonglieren kannst, wird dies auch unmittelbar positive Auswirkungen auf Dein Selbstvertrauen haben. Das eigene Zutrauen, Dein Mut wird zunehmen. Garantiert.
Die Verbindung von Erfolg und Jonglieren bzw. Jonglieren und Erfolg ist mir wichtig, weil sie in der Tat existiert und erlebbar wird. Ich und zigtausende andere Menschen auf der ganzen Welt konnten diese wertvollen Erfahrungen machen. Die erste Ausgabe dieses Buches erschien berets 2005. Damals wie heute gebe ich auf dieses Buch eine 100%-Geld-zurück-Garantie. Wenn Dir mit diesem Buch das Jonglieren mit 3 Bällen nicht gelingen sollte, dann kannst Du das Buch an mich zurückschicken und bekommst den Kaufpreis erstattet. In den letzten 12 Jahren ist das genau einmal passiert. Das Jonglier-Lernsystem ist damals wie heute unverändert – es muss bzw. wird damit gelingen, das Werfen und Fangen mit drei Bällen zu erlernen.

Bei der Erstellung dieses Buches gab es viele Helfer. Allen voran meine liebe Frau Gabriele, die mich mit vielen Anregungen und Ideen unterstützt und immer wieder positiv inspiriert hat. Gemeinsam mit ihr konnte ich REHORULI® zu Europas größtem Jonglier-Lernsystem ausbauen:

- Unsere Jonglier-Anleitungen sind mittlerweile in zehn chen erschienen,
- wir bilden bundesweit Trainer, Coaches und Gesundheitsberufe zu zertifizierten REHORULI®-Jonglier-trainern aus (www.trainerworkshop.jonglierschule.de),
- im Buchhandel sind mind. 45 verschiedene REHORULI®-Jonglier-Lernmedien erhältlich,
- seit 2012 gibt es unsere Jonglier-Fix-App und
- im Juli 2016 konnten wir bei unserem Weltrekordversuch auf dem Königplatz in München erstmals 119 Jonglieranfänger davon überzeugen, dass man wirklich schnell jonglieren lernen kann: sie alle haben es gleichzeitig in 10 (zehn) Minuten geschafft! (Fotos, Video usw. siehe www.weltrekord.jonglierschule.de).

Es macht mir nach wie vor sehr großen Spaß anderen Menschen das Jonglieren beizubringen. Deshalb werde ich auch weiterhin selbst regelmäßig Jonglierkurse anbieten (www.einsteigerkurs.jonglierschule.de), obwohl es mittlerweile bundesweit eine große Anzahl zertifizierter REHORULI®-Jongliertrainer gibt: www.trainer.jonglierschule.de

Nun wünsche ich Dir viel Freude und Erfolg mit REHORULI® und ich bin sicher, dass Dir das Werfen und Fangen mit drei Bällen gelingen wird. Du musst genauso wie ich fest daran glauben ... und natürlich auch dafür „arbeiten“ ... dann schaffst Du es. Garantiert!

Stephan Ehlers
München, Juni 2020

Was bedeutet Jonglieren?

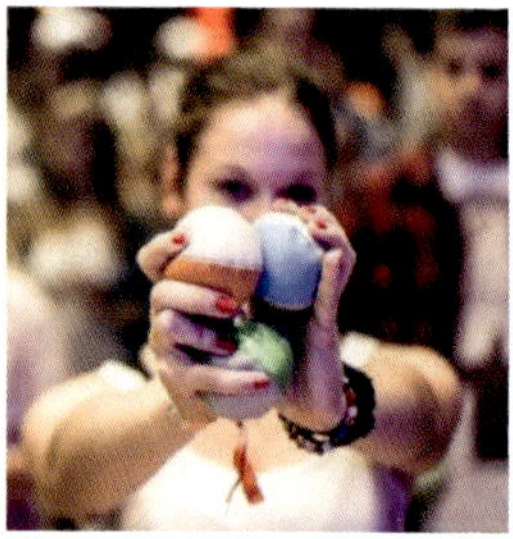

Die Begrifflichkeit „Jonglieren" wird in verschiedenen Variationen eingesetzt. Die Bedeutung des Wortes „Jonglieren" setzt sich aus einer Mischung des französischen Wortes „jongler" und des germanischen „jangler" zusammen. „Jongler" mit der altfranzösischen Herkunft jogler bedeutet „sich lustig machen, scherzen". Dies lässt sich bis zum mittelalterlichen ioculari „foppen, jemanden zum Besten halten" verfolgen, was wiederum auf das lateinische Wort ioculare „scherzen" zurück geht. Das germanische „jangler" bedeutet „schwatzen, verleumden", sagt uns der Duden. Das eigentliche Ziel beim Werfen und Fangen von Bällen oder anderen Gegenständen ist es, sich von der aktuellen, tagtäglichen Lebenswelt zu entfernen. Es führt aus dem eigenen Gedanken- und Erfahrungsgebäude heraus und man wird mit neuen Aufgaben und daraus resultierend mit neuen Erfahrungen konfrontiert. Alles mit erheblichen (positiven) Wirkungen auf das Gehirn und daraus resultierend auf den Körper.

Jonglieren ist Musik für das Auge

Wissenschaftlich ausgedrückt „repräsentiert die 3-Ball-Jonglage eine komplexe visuelle Mehrkomponentenaufgabe, bei der die Wahrnehmung und Verarbeitung der Geschwindigkeit und Richtung von drei, sich auf unterschiedlichen Flugbahnen bewegenden Objekten im dreidimensionalen Raum erfolgt. Die Flugbahn der Bälle im dreidimensionalen Raum muss genau erkannt und vorausgesehen werden, um die Hände zum Fangen präzise positionieren zu können" (Quelle: Untersuchungen zur zeitlichen Dynamik der übungsabhängigen strukturellen Plastizität des Gehirns, 2010). Anders ausgedrückt: Jonglieren ist eine Bewegungskunst, die auch als “Musik für das Auge” bezeichnet wird. Das heißt: man jongliert mit fast allen Sinnen. In den letzten Jahrzehnten begann man sich systematisch mit den gesundheitsfördernden und heilenden Auswirkungen des Jonglierens zu befassen. Kinesiologen bestätigen demnach, dass Jonglieren u.a. die Zusammenarbeit der beiden Gehirnhälften belebt und aktiviert. Gehirnforscher verschiedener Universitäten haben sogar festgestellt, dass Jonglieren die Gehirnzellen erweitert – sowohl bei Kindern, als auch bei Erwachsenen und Senioren.

Jonglieren und Wissenschaft

Die wissenschaftliche Untersuchung des Jonglierens setzte erst vor ca. 110 Jahren ein. Im "American Journal of Psychology" veröffentlichte Edgar James Swift 1903 einen Artikel darüber, wie schnell Studenten zwei Bälle mit einer Hand zu beherrschen lernten. In den vierziger Jahren nutzte man die ersten Computer, Flugbahnen geworfener Gegenstände zu berechnen. In den fünfziger und sechziger Jahren verwendeten einige wenige Wissenschaftler Jonglier-Übungen als Lernziel, um allgemeine Methoden für das Erlernen sensomotorischer Fertigkeiten zu vergleichen. In den siebziger Jahren begann man vor allem am Massa-chusetts Institute of Technology (MIT) in Cambridge/USA, das Jonglieren um seiner selbst willen zu erforschen. Claude E. Shannon, besser bekannt als einer der Schöpfer der Informationstheorie, baute Jongliermaschinen und formulierte ein Theorem, das die Zeit, in der die Bälle in der Luft beziehungsweise in den Händen sind, und die Zeit, in der die Hände leer sind, durch eine Gleichung verknüpft (siehe Kasten). Der Jonglier-Fan baute einen sogenannten „Jugglometer“, um zu ergründen, unter welchen Bedingungen die Jonglierkunst am besten gelingt. Mit diesem Messapparat untersuchte er penibel die Bewegungsabläufe von Jongleuren, die sich auf dem Campus des MIT herumdrückten.

Shannon's Juggling Theorem

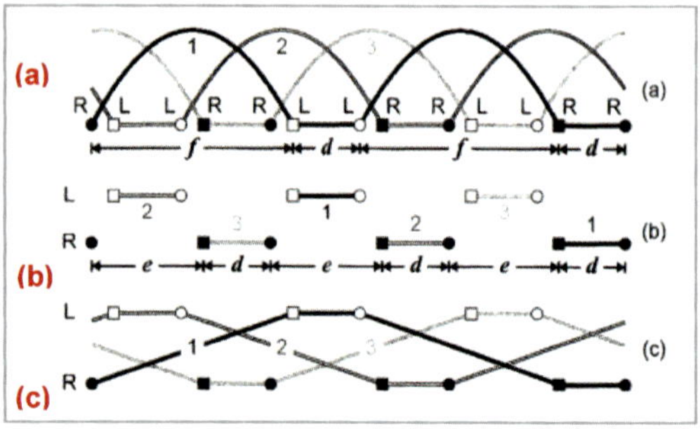

$$\frac{F+d}{e+d} = \frac{B}{H}$$

B = Number of balls / Anzahl der Bälle
H = Number of hands / Anzahl der Hände
F = Flight time / Flugzeit
d = dwell time / Verweilzeit
e = Empty time / Leerzeit

(a) Aus Sicht der Bälle
(b) Aus Sicht der Hände (L + R)
(c) Bälle und Hände

Quelle: Allgemeine Jongliergleichung von Claude E. Shannon: b/h=(d+f)/(d+e) (New York 2000)

Jonglieren kann man nicht verstehen, man muss es tun

Selbst wer alle Prinzipien kennt (Rhythmus, tastende Hände, Schwer- und Fliehkraft, peripheres Sehen, entspannte Aufrichtung u.v.a.) kann es noch nicht. Wie koordiniert man Augen und Hände, um fortwährend ein Überkreuzmuster zu realisieren? Wie gewinnt man jeweils im richtigen Moment Information über die Bewegungen seiner Hände und der Bälle? Die etwa für Tennisspieler wichtige Regel "Immer den Ball im Auge behalten" ist hier völlig verfehlt. Die Aufmerksamkeit muss vielmehr von einem Ball zum nächsten wechseln, so dass man jeweils nur einen Teil der Flugbahn sieht. Welcher Teil ist am informativsten, also am aufmerksamsten zu beobachten? "Schau auf den höchsten Bahnpunkt" und "Wirf den nächsten Ball ab, wenn der vorige seinen Scheitelpunkt erreicht hat" lauten gewöhnlich die Anweisungen von Jongliertrainern.

Howard A. Austin untersuchte 1974 als Doktorand am MIT in Cambridge, welcher Bereich um diesen Höhepunkt für ei-nen Spieler mittleren Könnens sichtbar sein muss, damit er die Jonglage aufrechterhalten kann. Er setzte zwischen Hände und Augen des Probanden einen fächerartigen Schirm mit keilförmiger Aussparung. Nach den Ergebnissen des Experimentes sind bloße zweieinhalb Zentimeter am Scheitel der Flugbahn ausreichend, was einer Sichtdauer von ungefähr 50 Millisekunden entspricht - einem sehr flüchtigen Blick auf diesen speziellen Punkt. Sehen wird mit zunehmender Jonglierpraxis also immer weniger wichtig. Im Allgemeinen arbeiten Anfänger und fortgeschrittene Jongleure überwiegend mit den Augen, die Meister jedoch mehr mit dem Tastsinn beim Ballkontakt. Kurzum: Um zu verstehen, was Jonglieren ist, muss man es tun. Die Anleitungen eines Heftchens oder eines Youtube-Videos oder eines Jongleurs müssen in einen persönlichen Bezug gebracht werden. Dazu gehört Ausprobieren, Fehler zuassen und Fehler machen, aus Misserfolgen lernen, Dran-bleiben, den inneren Schweinehund überwinden, immer wieder bücken u.v.a.m.. Ganz allmähich bilden sich dann neue Verbindungen, Schwingungen und Verknüpfungen zwischen zahlreichen Hirnstrukturen aus. Die Bewegungen werden weniger hektisch, lässiger, und je effektiver geworfen und gefangen wird, desto mehr können Muskeln, Gelenke und Sehnenfasern sich dabei entspannen. Irgend-wann schließlich fliegen die Bälle wie von selbst. Und das „Ich" steuert nichts mehr, sondern beobachtet nur und staunt, was die Hände (das „Körper-Ich") da Faszinierendes zustande bringen. Dann erst entsteht das Gefühl, endlich zu verstehen, was Jonglieren ist.

Enggesetzte Termine haben uns fest im Griff. Wir essen, schauen auf unser Smartphone und können mit halbem Ohr noch das Gespräch am Nebentisch verfolgen, während im Hintergrund die Nachrichten im Radio laufen. Das „Höher-Wieter-Schneller" ist mittlerweile eine akzeptierte praxis. Tägliche Grenüberschreitung wird so zur Nor-malität. Kurzum: Wir leiden in der westlichen Welt alle an Informationsüberflutung, springen von Thema zu Thema und haben dabei immer noch das ungute Gefühl, irgendetwas zu verpassen oder nicht zu wissen. Trotz des immensen technologischen Fortschritts scheint unser Leben immer komplizierter zu werden. Fast jeder muss täglich mit Ressourcen und Prioritäten jonglieren. Deshalb sollte jeder, der jonglieren muss, auch „richtig" jonglieren lernen! Jonglieren baut nebenbei Stress ab und macht auf eindrucksvolle Weise deutlich, dass der richtige Ansatz einen befähigt, die Dinge in Bewegung zu halten.

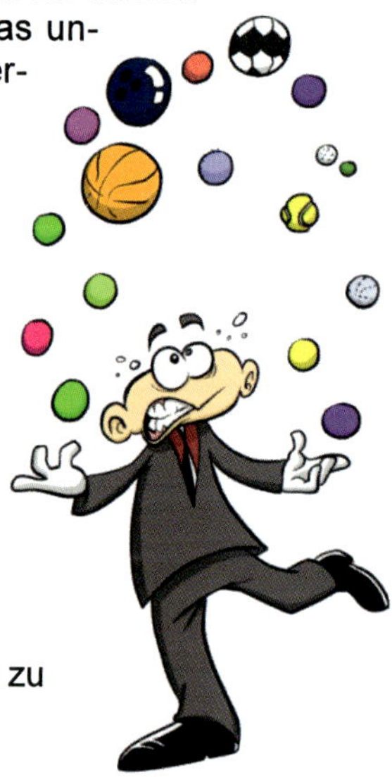

Warum das Jonglieren überaus intensives Gehirntraining ist

Die „Liegende Acht“ wird seit vielen Jahrzehnten als Augenübung angewandt. Durch die Bewegung der Augen werden die Sichtfelder des rechten und des linken Auges gleich stark aktiviert, wodurch das Ordnen und Koordinieren der optischen Eindrücke in der Regel leichter fällt. Das ist ge-nau das, was wir natürlich auch für das Jonglieren dringend brauchen. Diese „Liegende Acht“ möchte ich mit Ihnen JETZT ausprobieren. Befoglen Sie bitte die Anweisungen auf der folgenden Seite.

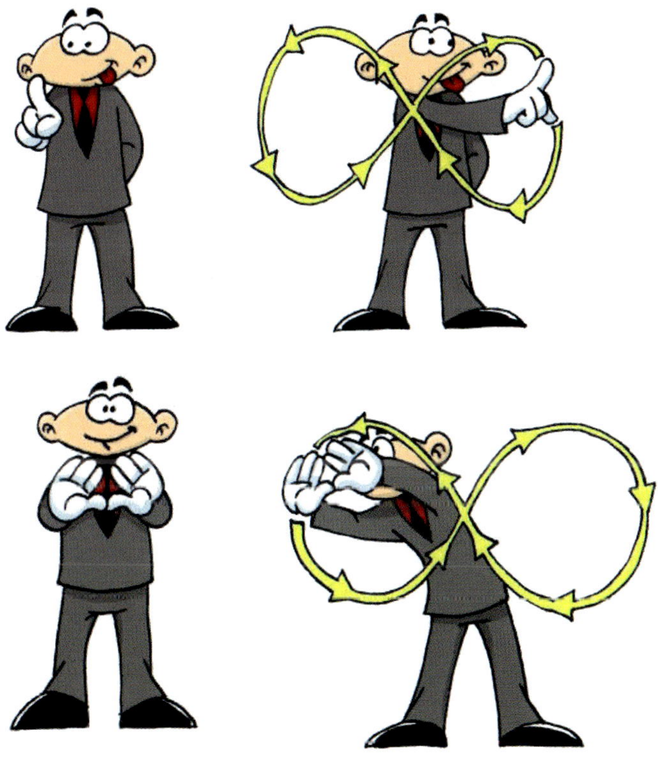

Liegende Acht – eine Übung zum Mitmachen:

In dieser einfachen Übung arbeiten wir zwar ohne Ball – aber sie hat die gleiche Wirkung, als ob Sie ein, zwei oder drei Bälle jonglieren. Die Aufgabe besteht darin, jeweils mit dem rechten und linken Zeigefinger eine „liegende Acht“ in die Luft „zu malen“.

- Stellen Sie sich mit leicht gegrätschten Beinen hin. Zeichnen Sie dann eine liegende Acht in die Luft, erst mit der linken, dann mit der rechten Hand.
- Halten Sie den Kopf ruhig und folgen Sie dem Zeigefinger nur mit Ihrem Blick. Versuchen Sie die Acht so groß wie möglich zu machen, so dass sich Ihre Augen möglichst viel bewegen müssen. Wiederholen Sie dies fünfmal.
- Legen Sie dann die Hände zusammen (siehe Bild): Bilden Sie mit beiden Daumen und Zeigefingern ein Loch, zeichnen Sie mit beiden Händen zusammen weiterhin Achten in die Luft und schauen dabei durch die Öffnung, die Daumen und Zeigefinger bilden. Machen Sie die liegende Acht so groß wie überhaupt möglich, indem Sie Ihr Gewicht von der einen Seite zur anderen verlagern und den ganzen Körper dabei einsetzen.
- Machen Sie zum Schluss die Bewegungen bzw. die Acht kleiner und kleiner, so dass am Ende Ihr Körper ganz still steht und nur noch Ihre Augen den Bewegungen der Hände folgen.
- Schließen Sie damit, dass Sie einen Augenblick mit geschlossenen Augen stehen bleiben und dabei an das denken, was Sie gerade gemacht haben. Drehen Sie also noch einmal 2-3 Achten in Gedanken bei geschlossenen Augen. Diese mentale, vorstellungsmässige Verankerung ist mindestens genauso wichtig wie die Übung selbst.

Jetzt haben Sie die Wirkung des Jonglierens auch ohne Bälle ein wenig erleben können. Es wirkt energetisierend, zentrierend und entspannend auf Gehirn und Körper.

Jonglieren bedeutet Handeln, Denken, Fühlen gleichzeitig

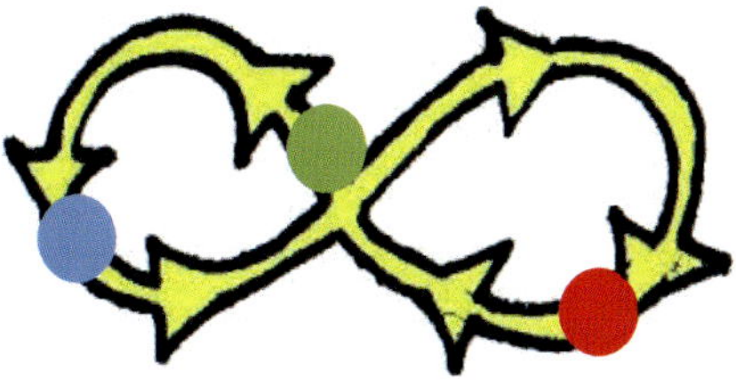

Die liegende Acht ist ein uraltes Symbol für unendliche Energie und bringt, richtig angewandt, Energien in uns zum Fließen ...wie beim Jonglieren.

Beim Jongliervorgang wird die Liegende Acht deshalb richtig angewandt, weil sie fortlaufend nacheinander mit jedem Ball – also dreimal ausgeübt wird! Jeweils zeitlich versetzt, verfolgt jeder Ball die Umlaufbahn einer liegenden Acht. Während wir jonglieren oder jonglieren lernen, muss das Gehirn Handeln, Denken und Fühlen gleichzeitig verarbeiten. Es verbraucht mehr Energie, weshalb das Schwitz-en beim Jonglieren normal ist. Weniger durch die Bewe-gung, als vielmehr durch die erhöhte Gehirnaktivität. Des-halb fördert das Jonglieren die Zusammenarbeit beider Gehirnhälften so enorm und integriert Körper und Geist. Es ermöglicht Grundvoraussetzungen für's Lernen zu bilden, schult die Überkreuzung der Körpermittellinie, verbessert die Balance, Koordination, Konzentration und hilft uns, neue Aufgaben kreativ und intelligent zu lösen. Man erfährt durch eigenes Tun, wie energetisierend, zentrierend und entspannend das Jonglieren auf das Gehirn und den Körper wirkt, und bekommt neue Anregungen. Es werden alle Sinne aktiviert .

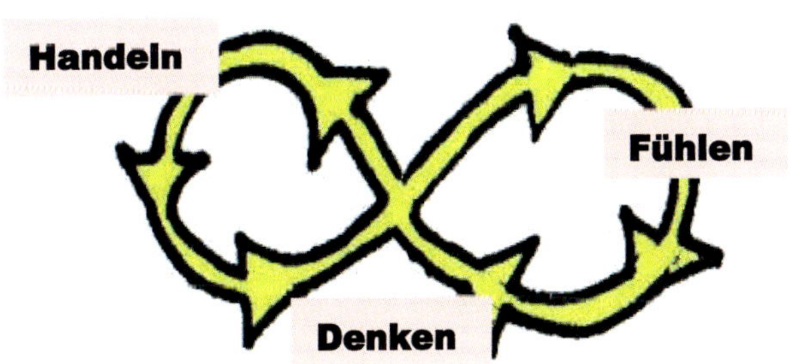

Jonglieren fördert Wissensaufnahme, Lernen und Lernmotivation

Die mittlerweile wissenschaftlich mehrfach bewiesene Tatsache bzw. Kernbotschaft ist: „Wer sich beim Lernprozess bewegt, fördert die Durchblutung im Gehirn. Dadurch wird sowohl die Aufmerksamkeit als auch der Lernerfolg verbessert.“ Das liegt daran, dass die Gebiete im Gehirn, die die Bewegung koordinieren, im Stirnlappen sitzen. Also ge-nau dort, wo sich auch das Arbeitsgedächtnis befindet, das Dinge bearbeitet, auf die wir uns beim Lernen konzentrieren wollen. Bewegt man sich, werden diese Bereiche generell besser durchblutet. Das heißt nicht nur, während man einen Ball wirft und fängt, sondern auch noch danach. Das ist mit den heutigen bildgebenden Verfahren sogar messbar. Der Effekt der Bewegung hält an (erhöhter Blutdurchfluss). Durch den erhöhten Blutdurchfluss kommt im Gehirn auch mehr Sauerstoff an. Zahlreiche Studien bestätigen den di-rekten Zusammenhang von Bewegung und leichterem, bes-seren Lernen.

Jonglieren fördert die Myelinisierung der Nervenstränge im sog. „Corpus callosum“ *

* Gehirnbalken zwischen linker und rechter Gehirnhälfte)

Sowohl die Grösse unseres Gehirns als auch die Anzahl der Gehirnzellen werden von ungesättigten Fettsäuren beeinflusst - d. h., unsere Gehirnfunktionen und unser Auffassungs- und Lernvermögen sind stark von ihnen abhängig. Unsere Nervenfasern bzw. Neuriten (die die Nervenreize weiterleiten) sind von einer spiralförmigen Myelinschicht umhüllt. Ähnlich einem Kabel, das mit einer Isolierschicht aus Kunststoff umhüllt ist. Myelin dient tatsächlich auch zur elektrischen Isolation und besteht zu ca. 75% aus (überwiegend ungesättigten) Fettsäuren. Die restlichen 25% sind Prote-ine.

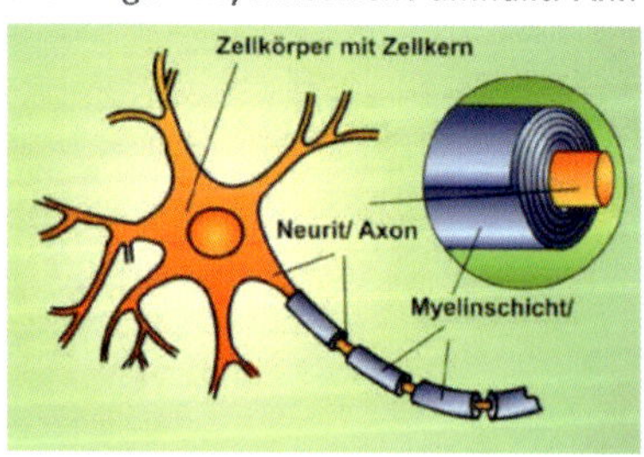

Leichter lernen und besser konzentrieren mit Jonglieren

Durch das Jonglieren wird sowohl die Aufmerksamkeit als auch der Lernerfolg verbessert. Das liegt daran, dass die Gebiete im Gehirn, die die Bewegung koordinieren, im Stirnlappen sitzen. Also genau dort, wo sich auch das Arbeitsgedächtnis befindet, das Dinge bearbeitet, auf die wir uns beim Lernen konzentrieren wollen. Die gleichen Gehirn-Areale für Bewegung werden auch beim Jonglieren mit drei Bällen bzw. beim Jonglieren-Lernen angesprochen. Das Gehirn muss beim Jonglieren nämlich Denken, Handeln und Fühlen gleichzeitig verarbeiten. Deswegen hat es so eine enorme Wirkung. Wenn man jongliert, werden die für das Lernen wichtigen Gehirn-Bereiche generell besser durchblutet. Das heißt nicht nur, während man einen oder mehrere Bälle wirft und fängt, sondern auch noch danach. Das ist mit den heutigen bildgebenden Verfahren in der Gehirnforschung sogar messbar. Der Effekt der Bewegung hält an (erhöhter Blutdurchfluss und mehr Sauerstoff für das Gehirn).

Förderprogramm Jonglieren für Schulen

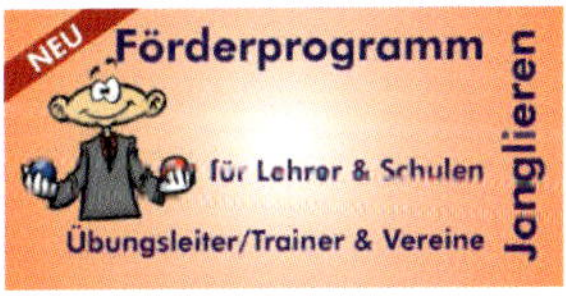

Das REHORULI®-Jonglier-Lernsystem steht öffentlichen und privaten Schulen sowie Sportvereinen auch als Förderprogramm zur Verfügung, das 2016 von Gabriele und Stephan Ehlers ins Leben gerufen haben. Ziel ist es, Kinder, Jugendliche und junge Erwachsene über Schulen oder Sportvereine das Jonglieren näher zu bringen. Die 36-seitige Broschüre kann kostenfrei ange-fordert werden und/oder direkt als PDF herun-tergeladen werden bei

www.foerderprogramm.jonglierschule.de

Warum ein Förderprogramm Jonglieren?

Die meisten Kinder sind sehr beweglich – und zwar mit den Fingern. Bei der iPhone, Smartphone-Bedienung oder bei Spiele-Konsolen. Rolle rückwärts oder einfach mal auf einer Holzbank balancieren, das können nur noch die Wenigsten. Eigentlich müssten sich die Eltern darum kümmern, doch das klappt in vielen Familien nicht. So bleibt nur die Schule. Aber da sind die Bildungsminister, Schulleiter und Lehrer genauso unbeweglich wie manche Kinder in der Turnhalle. Die körperliche Leistungsfähigkeit deutscher Schüler nimmt seit langem ab. Düstere Prognosen sehen gar eine rück-läufige Lebenserwartung für die heutige Kin-dergeneration. Aber niemand fühlt sich verantwortlich. Eltern wissen nicht, wie wichtig Bewegung ist, Lehrer fühlen sich überfordert, die Politik bewegt sich auch nicht. Dabei ist es seit mehr als zwanzig Jahren wissenschaftlich unstrittig, dass körperliche Bewegung auch das Gehirn fit hält bzw. beweglichere/ sportlichere Kinder die besseren Schulnoten haben. Seit zehn Jahren wird diese unwiderlegbare Tat-sache auch von Gehirnforschern aus den verschiedensten Ländern in unterschiedlichsten Studien bestätigt. Sowohl die immense positive Wirkung von Bewegung/Sport oder das Jonglieren für das Gehirn bzw. die Schäden, die mangelnde Bewegung im Gehirn verursachen. Doch es tut sich in Sachen Bewegung nach wie vor sehr, sehr wenig.
Dieses REHORULI®-Förderprogramm möchte diesem "Nichts-Tun" ein wenig entgegen treten und vor allem Lehrer und Trainer unterstützen, die das ähnlich so wie wir sehen.

Alle Lehrer und Grundschüler der St.-Anna-Grundschule haben mit REHORULI® jonglieren gelernt. Die Süddeutsche Zeitung berichtete darüber, siehe Link:

www.rehoruli.info/st-anna.pdf

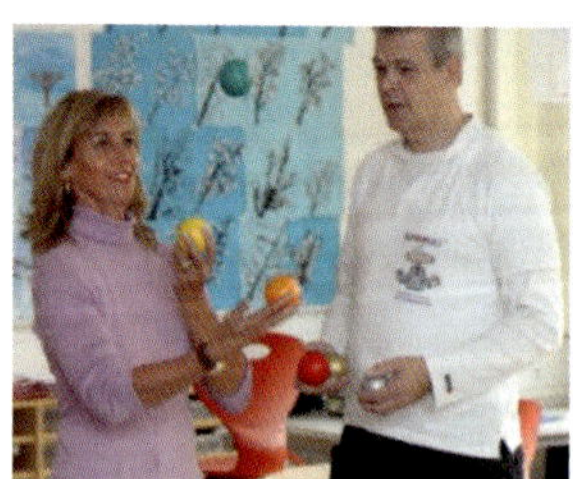

MMM – Mögliches Machbar Machen

Viele Menschen suchen nur dort, wo die Beleuchtung gut ist.
Sprichwort, Wales

Ohne Zweifel ist es ein Erfolg, wenn Du das Jonglieren mit drei Bällen gelernt hast. Das Schöne beim Jonglieren-lernen ist, dass Du während des Lernprozesses alle Phasen und auch Tugenden für Erfolg kennen lernen wirst.

1. Du hast Dir ein Ziel gesetzt:
   „Ich will drei Bälle jonglieren lernen".
2. Du musst Dir Zeit nehmen
   und Deine Trainingseinheiten planen.
3. Du wirst Ausdauer benötigen.
4. Du musst Dich konzentrieren...
   auf die Bälle, das Werfen und Fangen...
5. Du musst darauf achten,
   nicht abgelenkt zu werden.
6. Du wirst Rückschläge erleben.
7. Du musst Dich selbst motivieren, „dran" zu bleiben.
8. Du darfst nicht hektisch und unruhig werden.
9. Du musst völlig neue Dinge ausprobieren,
   mit ungewissem Ausgang.
   u.v.m.

Dabei wird Deiner inneren Einstellung mehr Bedeutung zukommen, als Du vielleicht glaubst.

Erfolg kommt nie von allein, ist nie zufällig. Erfolg ist immer eine „persönliche Geschichte", Mögliches machbar zu machen. Ohne „Aufwand" ist kein Erfolg möglich. Das ist beim Jonglieren nicht anders wie bei jedem privaten und geschäftlichen Erfolg.

Handeln → Erfolg

Erfolg ist immer ein Ergebnis. Erfolg ist etwas was „folgt". Bei allen Erfolgserlebnissen ist es zwingend erforderlich, dass man vorher irgendetwas getan hat. Sonst ist kein Erfolg möglich. „**Handeln**" ist eine Voraussetzung. Erfolg ist immer individuell. Jeder möchte andere Ziele erreichen: Der eine kennt seine Ziele, der andere nicht. Aber alle haben einen „Maßstab" für Erfolg. Jeder **bewertet** „seinen" Erfolg bzw. hat auch eigene Maßstäbe für Misserfolg.

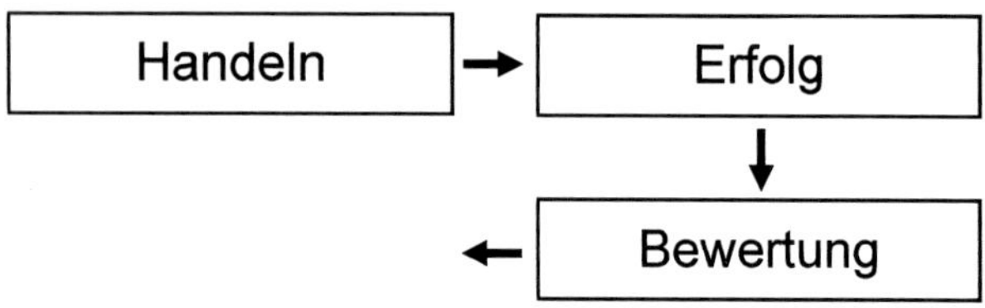

Diese Bewertung wiederum hat sehr starke Auswirkung auf unsere **Einstellung**. Wenn wir etwas „negativ" bewerten, dann ist unsere Einstellung entsprechend „negativ", ... was sich allerdings auch auf unser Handeln auswirken wird.

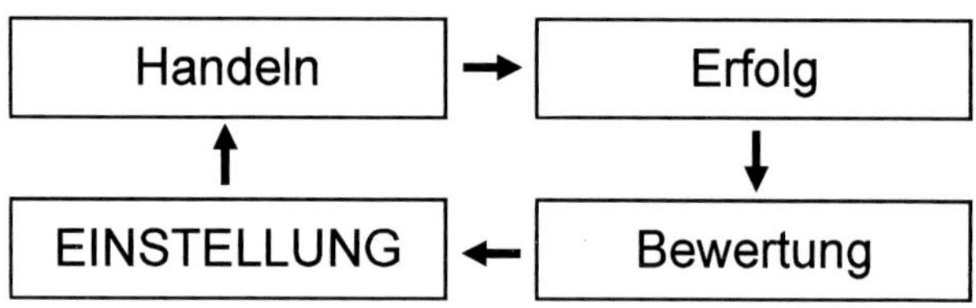

Fazit: Unser „Handeln" und unsere „Bewertungen" haben enormen Einfluss auf unseren Erfolg. Viel wichtiger ist jedoch unsere Einstellung zu den Dingen. Konzentriere Dich also weniger auf das Außen (Bälle fallen herunter o.ä.), sondern „gehe in Dich" und besinn' Dich auf die (positive?) Einstellung zum Jonglieren. Das fällt natürlich schwerer, weil Du selbst aktiv werden musst. Das Herunterfallen von Bällen zum Beispiel fällt „automatisch" auf und gerät deshalb auch schneller und direkter in unser Bewusstsein. Schnell „bewerten" wir diese Situation ... wahrscheinlich negativ ... und schon ist unsere Einstellung betroffen. Dieses Muster gilt es zu durchkreuzen ... in dem Du ab und zu an Deine (positive!) Einstellung denkst. Stell' Dir im Geiste vor, wie die Du die aktuelle REHORULI®-Übung meisterst, das alleine kann schon eine Hilfe für den nächsten, besseren Versuch sein.

Die REHORULI®-Philosophie

1. REHORULI® ist eine Idee, ein Konzept, ein System. Jeder der REHORULI® nutzt bzw. das Jonglieren mit den REHORULI®-Übungen lernt, lernt nicht nur Jonglieren, sondern auch viel über sich selbst, die eigene Wahrnehmung, sowie allgemeine Regeln für Erfolg. Das erfolgreiche Absolvieren der REHORULI®-Übungen garantiert das persönliche, individuelle Erleben von Erfolgsgefühlen. Zudem verbessert es die körperliche und geistige Koordinationsfähigkeit, stärkt das Selbstbewusstsein. Kurzum: REHORULI®, bzw. das dadurch erlernte Jonglieren, sorgt für mehr Lebensenergie und/oder Lebensfreude.

2. REHORULI® ist anspruchsvoll. Jeder Mensch zwischen 8 und 88 Jahren soll mit REHORULI® das Jonglieren sicher und erfolgreich lernen können. Das sichere und erfolgreiche Jonglieren von drei Bällen ist oberstes Ziel und Anliegen von REHORULI®.

3. Sozusagen „nebenbei" wird REHORULI® Erfolgs- und Glücksgefühle vermitteln. REHORULI® hat zum Ziel, JEDEM Menschen das Jonglieren-Lernen zu erleichtern bzw. zu ermöglichen. Jeder, der Fahrrad fahren kann, besitzt die Fähigkeit, Jonglieren zu lernen. So, wie jeder Mensch dazu geboren ist, Erfolg zu haben. Das Einzige, was dazu nötig ist, ist der Mut, etwas Neues dazu zu lernen und „Ungewohntes" zu überwinden bzw. anzunehmen.

4. REHORULI® ist ein offenes und kein geschlossenes System. Es ist daher immer offen für Weiterentwicklungen, Neuerungen und/oder Ergänzungen. Jede Anregung ist willkommen, REHORULI® in jeder Weise zu verbessern. Zögere also nicht, mir Deine Tipps, Anregungen und Kritik zuzusenden (info@rehoruli.de).

Stephan Ehlers – Juli 2001

Voraussetzungen für das Jonglieren-Lernen

Man ist entweder Teil des Problems oder Teil der Lösung.
Ich habe mich für Letzteres entschieden. *Michael Gorbatschow*

Auch, wenn es viele nicht glauben. Es sind keinerlei besondere Fähigkeiten für das Jonglieren erforderlich.
Wirklich nicht! Lediglich ein paar Grundsätze werden es Dir erleichtern, Lernfortschritte zu erzielen:

1. Wenn Du Freude und Spaß hast, Neues dazu zu lernen bzw. Jonglieren zu lernen, dann ist sozusagen der Grundstein so gut wie gelegt.
2. Befolge die Anweisungen im Buch möglichst Schritt für Schritt.
3. Fasse Dich in Geduld, auch wenn nicht alles gleich auf Anhieb funktioniert.
4. Du solltest drei gleich große, gleich schwere Bälle haben. Jeder Ball sollte mind. 90g wiegen. Solltest Du keine geeigneten Bälle haben, kannst Du so genannte Beanbags in einem Jonglierladen kaufen oder bei www.rehoruli.de online bestellen.

Mit einem Internet-Zugang hast Du darüber hinaus weitere Möglichkeiten für die Nutzung von REHORULI®. Alle Übungen, die hier beschrieben sind, sind auch als Videodatei kostenlos zum Herunterladen abrufbar unter (www.rehoruli.de). So kannst Du den genauen Bewegungsablauf der Jonglierübungen sehen bzw. überprüfen.
Bevor Du anfängst zu jonglieren: Versuche NICHT, REHORULI®-Übungen zu überspringen! Vor allem dann nicht, wenn Du neu mit dem Jonglieren anfängst und den Ehrgeiz hast, wirklich „sauber“ zu jonglieren ... d.h. locker, unbeschwert und ohne Anstrengung.
Die Einhaltung der Reihenfolge ist zwar keine zwingende Pflicht, aber für Anfänger/Erstjongleure ist es sehr hilfreich,

dass ALLE REHORULI®-Übungen ausgeführt werden. Selbst wenn eine Übung so gar nicht gelingen will, dann übe und perfektioniere lieber noch einmal die vorhergehenden REHORULI®-Übungen – bevor Du die nächste Übung angehst bzw. eine Übung auslässt.

Hier einige kleine Grundregeln, die Dir auf dem Weg des Jonglieren-Lernens und der Beibehaltung der Reihenfolge immer helfen werden:

- Denke positiv
- Habe Geduld, erzwinge es nicht
- Jeder „Fehler" ist eine Chance dazu zu lernen.
- Habe den Mut, Dich der Herausforderung zu stellen, etwas Neues dazu zu lernen.
- Denke nicht so viel, besser und erfolgreicher ist „machen" als „denken".

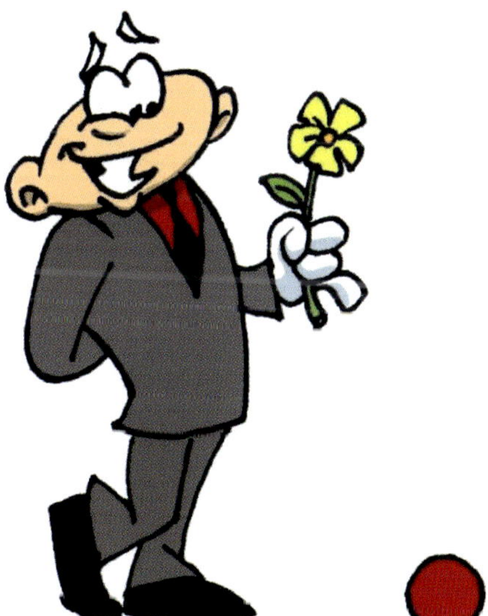

Bevor Du loslegst - Wichtige Vorüberlegungen

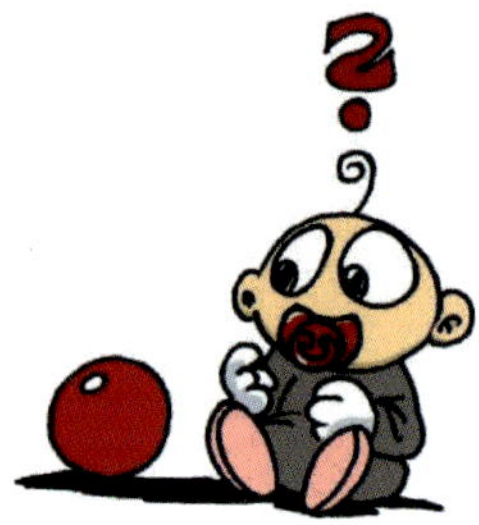

Der Kopf stört! Ja, das meine ich in der Tat so. Das Wichtigste beim Jonglieren-Lernen und Jonglieren ist, dass der Kopf "frei" ist... und das fällt uns Menschen schwer. Umso älter wir werden, desto schwerer fällt „Hirn aus-schalten“. Sehr schwer sogar. Aber das ist normal und muss uns nicht beunruhigen. Mit "Kopf" meine ich unsere Einstellungen, Bewertungen, Vorurteile und alles was "bequem" ist.
Es braucht eine gehörige Portion Eigenmotivation, das Jonglieren mit drei Bällen zu lernen. Es ist unbequem... vor allem für unseren Kopf. Ein Buch mit einem Jonglier-Lernprogramm zu kaufen, ist das eine, tatsächlich mit der ersten Wurf- und Fangübung loszulegen das andere. Es fühlt sich anders an und macht Mühe. Sich für das Jong-lieren zu interessieren ist etwas völlig anderes, als es selbst auszuüben! Völlig anders! Bevor Du mit der ersten REHORULI®-Übung beginnst, solltest Du ...

- ...fest entschlossen sein, das Jonglieren zu lernen.
- ...ebenso fest an Dich glauben, dass Du es schaffen wirst.
- ...Rückschläge beim Lernprozess als Herausforderung oder Chance zu begreifen.
- ...weniger Ehrgeiz sondern mehr Lockerheit entwickeln.
- ...vorher mehrmals zu Dir selbst sagen: "Ich schaffe es", "Ich kann das".

Auch und vor allem dann musst Du Dich selbst motivieren, wenn es sich nicht so anfühlt bzw. Dein Werfen und Fangen (noch) nicht danach aussieht! Das meine ich durchaus ernst!

Selbstvertrauen kommt immer nur von innen - nie von außen. Jonglieren ist ein schönes Beispiel dafür, dass über das schrittweise Grenzen überschreiten, Stück für Stück Selbstvertrauen/Selbstbewusstsein aufgebaut wird. Es ist eine persönliche Sache - nichts und niemand kann von außen helfen.

Lerntempo und Reihenfolge ist NICHT vorgegeben!

Auch wenn alle REHORULI®-Wurf- und Fangübungen nummeriert sind, ist es keine zwingende Vorschrift in dieser Reihenfolge die Übungen auszuführen! Das soll Dich nicht verunsichern - im Gegenteil: - es soll und wird Dich stärken! Finde selbst heraus, welche REHORULI®-Übungen für Dich hilfreich sind, das Jonglieren mit drei Bällen zu lernen. Sicher wird es Sinn machen, zuerst mit den 1-Ballübungen zu beginnen. bevor Du zwei Bälle wirfst und fängst - aber die Reihenfolge ist nicht entscheidend. Wirklich nicht.

Viele Jonglierschüler haben mit der folgenden Übungsabfolge erfolgreich und schnell das Jonglieren mit drei Bällen gelernt: REHORULI®-Übungen 9, 10, 11, 5, 6, 7, 11, 12, 13, 14, 15, 20, 21, 17, 31, 32, 33. Alle Übungen helfen das Jonglieren mit drei Bällen vorzubereiten. Das Lerntempo bestimmst Du selbst. Mindestens 10 Minuten, aber keinesfalls länger als eine Stunde haben sich in der Praxis bewährt.

Warum "aktive" Selbstmotivation hilfreich ist

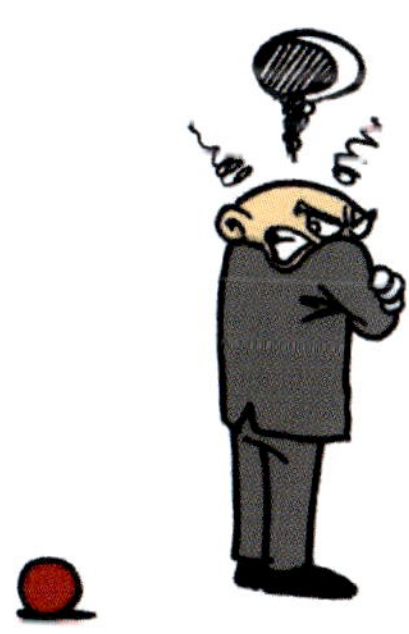

Der Glaube an sich selbst, "positives Denken" oder wie auch immer man das bezeichnen will, ist für das erfolgreiche Jonglieren außerordentlich wichtig. Die positive "Selbstmotivation" ist zwar keine Garantie

dass alles sofort gelingt, im Gegenzug kann ich Dir jedoch garantieren, dass Du kei-nerlei Fortschritte machen wirst, wenn Du zu Dir selbst immer wieder sagst "Ich kann das nicht" oder gar fluchst. Manchmal brauchen Dinge etwas mehr Zeit und dauern etwas länger als erhofft oder gewünscht. Das weißt und kennst Du von Deinem Alltag...!
Das Jonglieren-Lernen ist eine ganzheitliche Körpererfahrung bzw. ein Prozess, den Du vollständig in allen Phasen durchlaufen musst. Ich vergleiche immer gerne das Jonglieren-Lernen mit dem Lernen des Fahrradfahrens. Hier geschieht genau das Gleiche. Der Körper lernt! Du kannst das Fahrrad-Fahren nicht lernen, in dem Du etwas aufmalst oder erklärt bekommst – Du musst es TUN! Dein Gleichgewichtssinn, die gleichzeitige Aktivität der linken und rechten Gehirnhälfte ist gefragt. Und das macht Mühe. Beim Fahrrad-Fahren fällst Du hin, beim Jonglieren die Bälle... wenn es noch nicht so recht funktioniert.
Positives Denken hin oder her. Viele denken, dass man als Kind nichts über "positives Denken" gewusst hat, und neue Herausforderungen (wie z.B. Fahrradfahren) auch bzw. gerade deshalb funktioniert haben.
Auch wenn wir es als Kind unbewusst getan haben, es war unser unbändiger (positiver) Wille bzw. dieser Reiz, Grenzen zu überwinden, den das Fahrrad-Fahren auf uns Kinder ausgeübt hat. Dieser Wille bzw. der Wunsch es eines Tages zu können sowie das "Immer-Wieder-Auspro-bieren" waren die Erfolgsfaktoren. Genauso ist es beim Jonglieren! Versetze Dich in eine positive Grundstimmung, noch besser: Sag' zu Dir laut "Ich kann jonglieren", "Ich schaffe es" oder ähnliches. Vermeide Konjunktive "Ich werde es schaffen"! Formulier' bewusst so, als könntest Du bereits jonglieren.

Auf der
nächsten Seite
geht es nun endlich los!

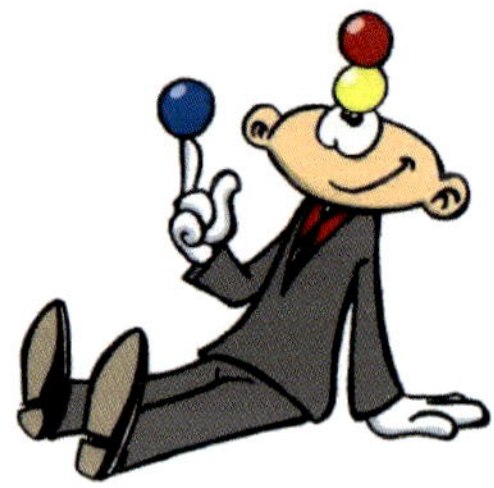

REHORULI®-Übung **1**

Alles sollte so einfach wie möglich sein - aber nicht einfacher.
Albert Einstein

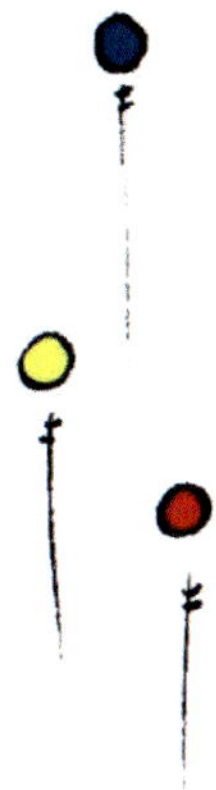

Die erste Übung ist relativ einfach und sieht vor allem auch einfach aus. Es wird ein Ball von der rechten in die linke Hand und zurück von der linken in die rechte Hand geworfen. Hin- und zurück. Rechts hoch werfen, links fangen – links hoch werfen und rechts fangen. Bevor Du allerdings anfängst, achte unbedingt auf folgende Punkte:

Der Ball sollte maximal die Stirnhöhe erreichen – In jedem Fall solltest Du darauf achten, nicht über die eigene Augenhöhe zu werfen. Das gilt übrigens für alle REHORULI®-Übungen!

Augenhöhe ist ideal!

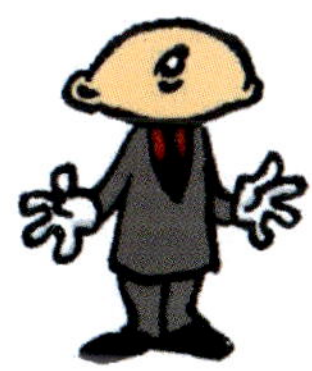

Es hat einen besonderen Grund, warum es nicht sinnvoll ist, über die eigene Augenhöhe zu werfen. Gerade Anfänger neigen dazu, höher zu werfen ... mit der Begründung „Wenn ich höher werfe, habe ich mehr Zeit, mich auf das Fangen zu konzentrieren". Das ist rechnerisch richtig. Umso höher Du wirfst, desto mehr Zeit braucht der Ball, bis er wieder in der Hand ist. So schlüssig sich diese Argumentation anhört, so fatal ist sie in der Auswirkung. Denn das Fangen wird schwieriger. Je höher Du wirfst, desto schwieriger ist das Fangen, weil der Ball mit größerer Geschwindigkeit zurückkommt. Noch schlimmer aber, Dein Sichtfeld verschlechtert sich. Wenn Du über Augenhöhe wirfst, verlierst Du den Blick auf Deine Hände, und das hat (inneren) Stress bzw. Unruhe zur Folge. Wenn Du genau in Augen- oder max. Stirnhöhe wirfst, hast Du alles im Griff.

Wenn Du den Kopf hoch nehmen musst, weil der Wurf so hoch ist, verlassen Deine Augen das Blickfeld auf die Hände – das führt zu mehr Unsicherheit und damit zu mehr Ungenauigkeit. Also denke daran, NIE über die eigene Augenhöhe zu werfen ... wenn Du das von Beginn an einhalten kannst, machst Du schneller Fortschritte – garantiert! Einfach, weil Du mehr (alles!) sehen kannst.

Die Arme sind beim Wurf locker – nie gestreckt.
Achte mal beim Werfen darauf, ob Deine Ellbogen am Körper bleiben bzw. nicht nach vorne gehen. Der Ellbogen soll den Körper nicht berühren oder an die Rippen gepresst werden – im Gegenteil – locker und unbeschwert soll geworfen und gefangen werden.

Beim Werfen und Fangen bleibt der Arm unten
Achte darauf, ob Du dazu neigst, beim Fangen dem Ball mit Deiner „Fanghand“ entgegenzugehen oder ob Du genug Ruhe hast und abwarten kannst, bis der Ball in die geöffnete Hand fällt.

Beim „richtigen“ Fangen wird ein wenig „abgefedert“
Beim „Empfang“ des Balles – also, wenn er noch in der Luft ist – ist die Fanghand geöffnet (Unterarm und Oberarm sind in etwa im rechten Winkel) – aber kurz bevor der Ball die Hand berührt, geht die Hand ein wenig nach unten, um von dort gleich wieder „zur Mitte“ geführt und flüssig abgeworfen zu werden. Das Loslassen des Balles erfolgt spätestens, wenn der Unterarm waagrecht ist.

TIPP: Versuche den Ball lautlos (!) zu fangen

Versuche einen Ball so zu fangen, dass es kein Geräusch gibt! Normalerweise „klatscht“ der Ball in die Hand und es gibt ein Geräusch. Das geräuscharme bzw. lautlose Fangen ist nur möglich, wenn der Schwung des Balles mit der Fanghand „abgefedert“ wird. Dazu muss die Hand beim Fangen runter – sonst wird es „laut“ beim Fangen. Einfach mal probieren – gute, wirkungsvolle Übung!

Video-Datei zu dieser REHORULI®-Übung findest Du kostenfrei zum Abruf im Web bei www.Online-Akademie-Jonglieren.de

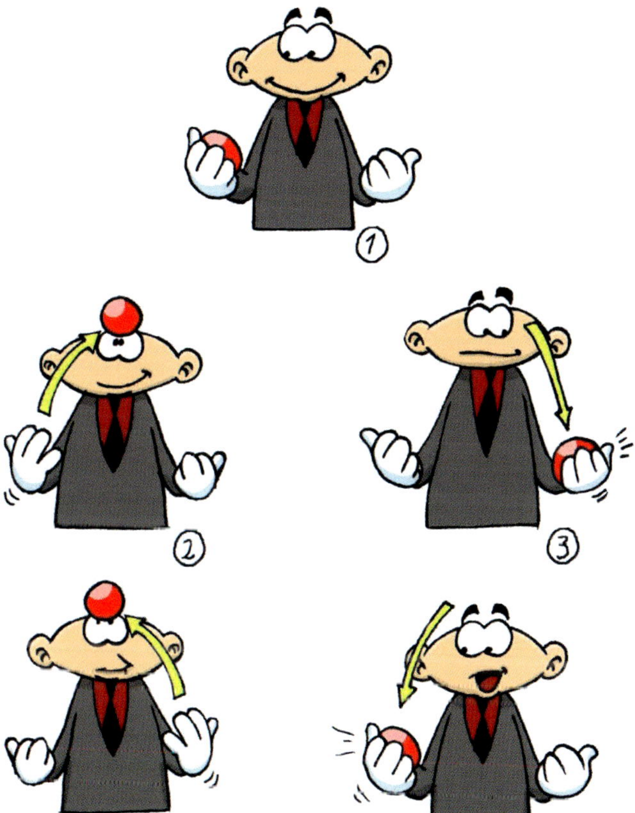

REHORULI®-Übung **2**

Wer kleine Widrigkeiten nicht erträgt, verdirbt sich damit große Pläne. Konfuzius

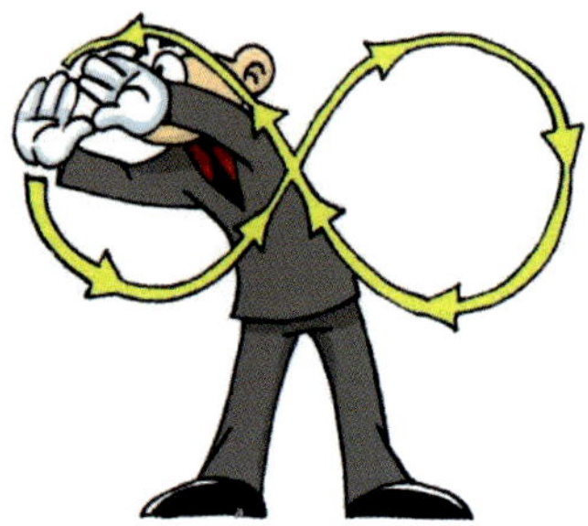

In dieser einfachen Übung arbeiten wir ausnahmsweise ohne Ball. Die Aufgabe besteht darin, jeweils mit dem rechten und linken Zeigefinger eine „liegende Acht" in die Luft „zu malen". Diese Übung dient als Vorübung für REHORULI®-Übung 3 und hat insgesamt eine sehr hohe Bedeutung – auch für alle folgenden Übungen – dazu später mehr.

- Stell' Dich mit leicht gegrätschten Beinen hin. Zeichne dann eine liegende Acht – in der Mathematik das Zeichen für unendlich – in die Luft, erst mit der linken, dann mit der rechten Hand.
- Halte den Kopf ruhig und folge dem Zeigefinger nur mit Deinem Blick. Versuche die Acht so groß wie möglich zu machen, so dass Deine Augen sich möglichst viel bewegen müssen.
- Lege dann die Hände zusammen (siehe Bild): Bilde mit beiden Daumen und Zeigefingern ein Loch, zeichne mit beiden Händen zusammen weiterhin Achten in die Luft und guck' dabei durch die Öffnung, die Daumen und Zeigefinger bilden. Mach' die Acht so groß wie überhaupt möglich, indem Du Dein Gewicht von der einen Seite zur anderen verlagerst und den ganzen Körper dabei einsetzt. Die Augen bewegen sich immer noch so viel wie möglich, bis zu den äußersten Rändern Deines Gesichtsfeldes.

- Wenn Du willst, kannst Du dabei Musik hören. Am besten wäre Musik im 3/4-Takt, man kann dazu auch mitsingen oder mitsummen.
- Mach' zum Schluss die Bewegungen bzw. die Acht kleiner und kleiner, so dass am Ende Dein Körper ganz still steht und nur noch Deine Augen den Bewegungen der Hände folgen.
- Schließe damit, dass Du einen Augenblick mit geschlossenen Augen stehen bleibst und dabei an das denkst, was Du gerade gemacht hast. Dreh' also noch einmal 2-3 Achten in Gedanken bei geschlossenen Augen. Diese mentale, vorstellungsmässige Verankerung ist mindestens genauso wichtig wie die Übung selbst.

Diese Übung eignet sich immer dann, wenn Du glaubst, dass es „nicht mehr weiter geht". Bei Blockaden, „Rück-schlägen", wenn die Würfe und das Fangen einmal nicht so gut gelingen sollten.

Warum die REHORULI®-Übung 2 so überaus wichtig ist

Diese Übung ist zwar ohne Ball – und dennoch gehört sie zu den drei wichtigsten Übungen von allen REHORULI®-Übungen! Das Zeichnen der liegenden Acht hat sowohl eine praktische, als auch eine symbolische Bedeutung. Jedes Mal, wenn Du diese Übung machst, bei der Du die Augen und den ganzen Körper in Bewegung setzt, sind auch Deine beiden Gehirnhälften aktiv einbezogen. Beide Augen und Körperhälften sind aktiv und Du kreuzt die Mittellinie Deines Körpers. Dabei wird das „Corpus callosum", der „Balken" in Deinem Gehirn aktiviert, der mit seinen 200 Millionen Nervensträngen die Verbindung zwischen Deiner rechten und Deiner linken Gehirnhälfte bildet. Indem Du Dich bewegst, indem Du das, was Du fühlst, beschreibst und indem Du handelst, benutzt Du Deinen „Gehirn-Balken" und förderst damit dessen Weiterentwicklung.

Wenn Du die oben beschriebenen Dinge tust, unterstützt Du die so genannte Myelinisierung der vielen Nervenstränge im Corpus callosum („Gehirn-Balken“). Das funktioniert deshalb so gut, weil die Nervenstränge einen besonderen Stoff absondern, Myelin, der sich wie eine isolierende Schicht um die Nervenstränge legt; dadurch kann ein Signal leichter von der einen Gehirnhälfte zur anderen übertragen werden, und deren Zusammenarbeit wird besser. Wissenschaftler haben ausgerechnet, dass die „Leistungs-Geschwindigkeit“ bis zu zweihundertmal höher ist, wenn diese Myelinisierung stattgefunden hat. Dann wird – einfach gesagt – die eine Seite des Körpers immer besser wissen, was die andere tut. Das gilt sowohl für die beiden Körperhälften als auch für die beiden Gehirnhälften. Und genau diese Unterstützung – dieser „Support“ ist für das Jonglieren von unschätzbarem Wert.

Wenn also mal eine Übung so gar nicht gelingen will, oder andere Gründe für „Unruhe in Körper oder Geist“ vorherrschen – dann ist die „Liegende Acht“ eine hervorragende Übung beide Körper- und Gehirnhälften neu zu aktivieren bzw. neu „aufzuladen“.

Die „Liegende Acht“ wird seit vielen Jahrzehnten als Augenübung angewandt. Durch die Bewegung der Augen werden die Sichtfelder des rechten und des linken Auges gleich stark aktiviert, wodurch das Ordnen und Koordinieren der optischen Eindrücke in der Regel leichter fällt. Das ist genau das, was wir natürlich auch für das Jonglieren dringend brauchen.

Zuerst zeichnest Du eine „Liegende Acht" mit dem Finger durch die Luft ... an eine imaginäre Tafel. Erst mit der einen Hand, dann mit der anderen Hand!
Jetzt malst Du wieder eine „Liegende Acht"; allerdings mit beiden Händen zusammen. Die Hände hältst Du wie JONGLORO es Dir unten zeigt: Daumen und Zeigefinger aneinander ... durch dieses Loch schaust Du während der Übung. Die

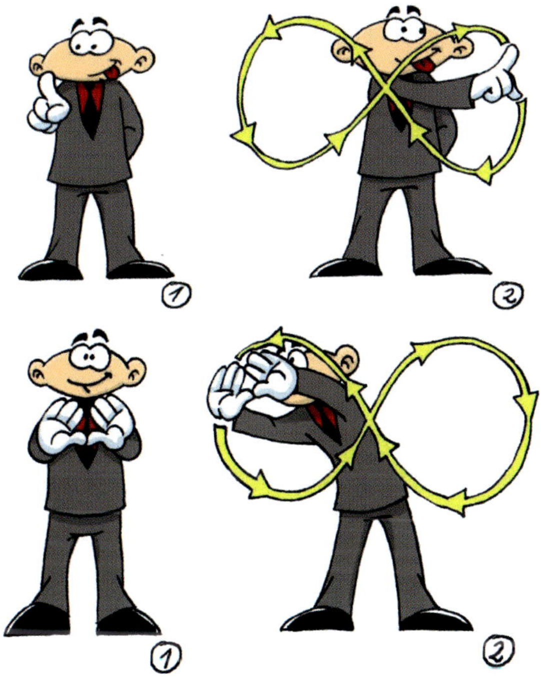

„Liegende Acht" zu Beginn groß (siehe Abbildung) und dann immer kleiner werdend. Mindestens zehn Umläufe sind wichtig. Diese Übung aktiviert die Ner-venbahnen zwischen linker und rechter Gehirnhälfte.

Video-Datei zu dieser REHORULI®-Übung findest Du kostenfrei zum Abruf im Web bei www.Online-Akademie-Jonglieren.de

REHORULI®-Übung **3**

Wohlbehagen ermattet den Geist,
Schwierigkeiten erziehen und kräftigen ihn. Francesco Petrarca

Die REHORULI®-Übung 3 funktioniert wie Übung 2 ... nur mit Ball. Der Ball beschreibt nun die „Liegende Acht" in der Luft. Hier ist es wichtig, dass der Ball hoch und weit nach außen geworfen wird, damit die Arme beim Fangen den Ball hoch und außen greifen, um ihn dann zur Mitte zu führen und von dort in die andere Richtung wieder abzuwerfen.

Der Ball sollte maximal die Stirnhöhe erreichen – achte bitte darauf, dass Du den Ball nie über die eigene Augenhöhe wirfst. Wie bereits bei Übung 1 erwähnt, gilt dies für alle REHORULI®-Übungen!

Wurf des Balles in Höhe der Augen ist sehr wichtig!
Es hat einen besonderen Grund, warum es nicht sinnvoll ist, über die eigene Kopfhöhe zu werfen. Lies noch einmal den Hinweis „Augenhöhe" auf Seite 23.

Der Ball wird erst oben berührt bzw. gefangen
Achte darauf, dass Du den Ball von oben „greifst". Erst wird der Ball hoch (max. Augenhöhe) und nach außen geworfen, dann erst folgt die andere Hand dem Ball, aber erst oben fangen bzw. greifen.

Flüssiges Werfen und Fangen - Fließende Bewegungen
Es kommt nicht darauf an, „irgendwie" eine „Liegende Acht" mit dem Ball hinzubekommen. Wenn Du es das erste Mal versuchst, wird es vielleicht noch etwas holprig bzw. nicht ganz flüssig ablaufen. Aber darauf kommt es an: entscheidend sind fließende Bewegungen beim Werfen und Fangen. Das Werfen und Fangen sollte möglichst in einer fließenden Bewegung stattfinden. Das Muster der „Liegenden Acht" ist übrigens auch das Jongliermuster später für 3 Bälle. Also umso fließender es jetzt schon läuft, desto besser funktionieren später auch 2 und 3 Bälle. Flugtempo des Balles und die Armbewegungen sind gleich schnell.

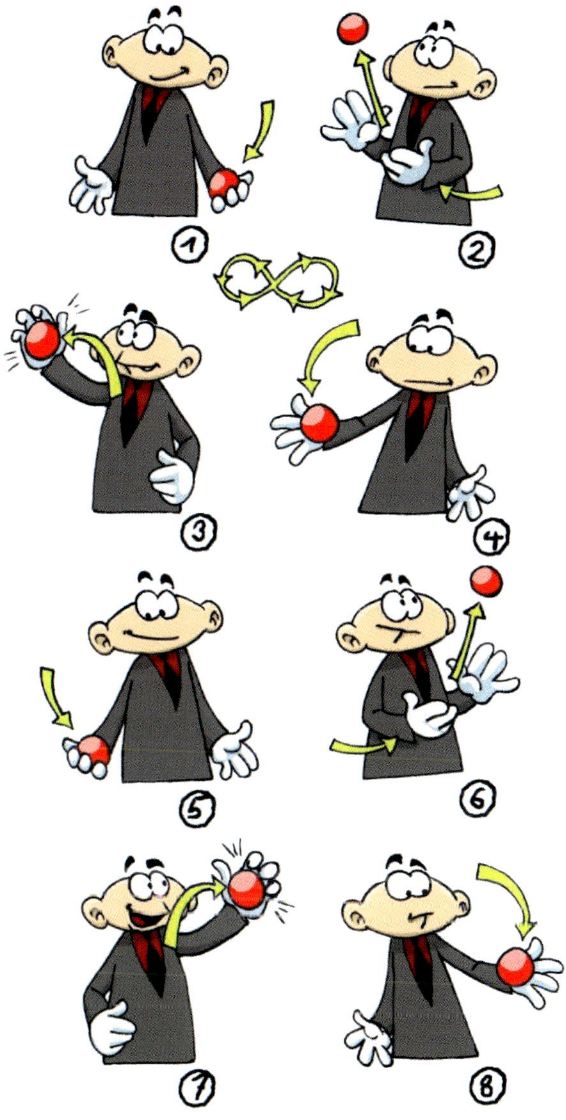

Video-Datei zu dieser REHORULI®-Übung findest Du kostenfrei zum Abruf im Web bei www.Online-Akademie-Jonglieren.de

REHORULI®-Übung **4**

Die größten Schwierigkeiten liegen da, wo wir sie nicht suchen.

Johann Wolfgang von Goethe

Die REHORULI®-Übung 4 sieht fast genauso aus wie Übung 3. Aber eben nur fast. Erst beim genauen Hinsehen wirst Du feststellen, dass der Ball nicht oben, sondern erst unten beim Fangen berührt wird. Das ist alles andere als identisch gegenüber der REHORULI®-Übung 3.

Der Ball wird nicht über Kopfhöhe geworfen.
Ideal ist Augenhöhe.

Die (Fang-)Hand folgt dem geworfenen Ball nach oben
... berührt ihn aber nicht! Die Fanghand ist über dem Ball und während sich der Ball senkt, folgt die Hand im gleichen Tempo und fängt den Ball erst, wenn die Hand wieder unter dem Ball ist. Erst der Wurf, dann folgt die andere Hand hinterher.

Bei den ersten Würfen wirst Du das Gefühl haben, nicht genug Zeit zu haben, um „langsam" und entspannt die Hand um den Ball herum zu führen, ohne ihn jedoch vorher zu berühren oder zu fangen. Das ist normal. Daran müssen sich Augen und Körper erst gewöhnen. Diese Übung sieht nur einfach aus, ist es aber nicht. Hierzu wirst Du vielleicht zehn oder zwanzig Anläufe benötigen, bis das Wurftempo des Balles und die Arm-/ Fangbewegungen gleichmäßig, ruhig links und rechts ablaufen.

Achte auf flüssiges Werfen und Fangen
bzw. fließende Bewegungen
... auch bei dieser Übung sind die fließenden Bewegungen besonders wichtig.

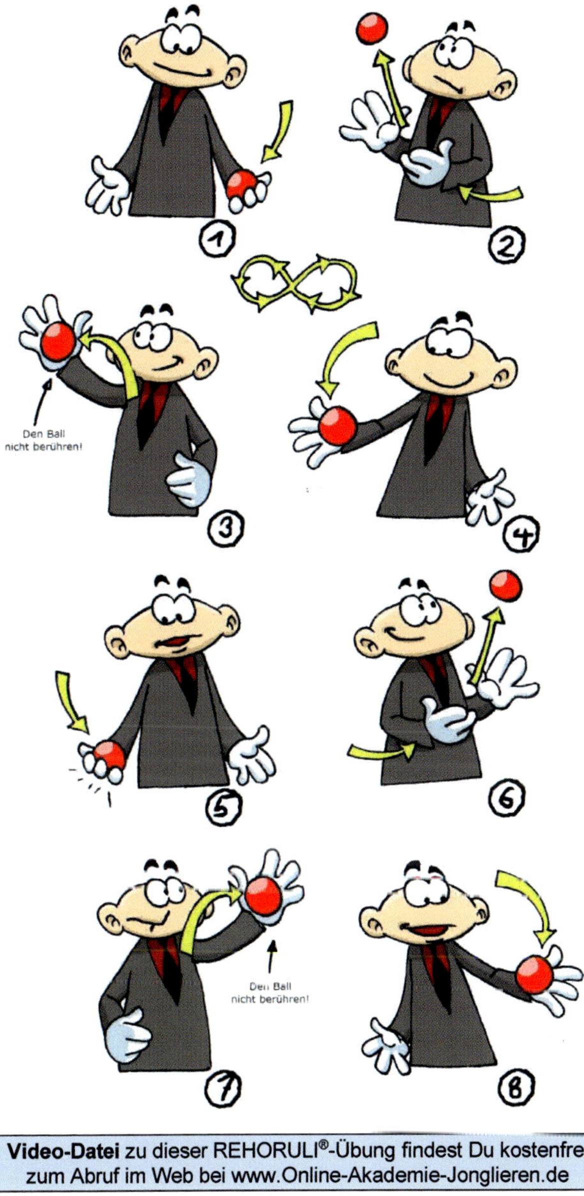

Video-Datei zu dieser REHORULI®-Übung findest Du kostenfrei zum Abruf im Web bei www.Online-Akademie-Jonglieren.de

REHORULI®-Übung **5**

Das menschliche Leben beginnt jenseits der Verzweiflung.
Jean-Paul Sartre

Die REHORULI®-Übung 5 ist ähnlich anspruchsvoll wie die Übung mit der „Liegenden Acht". Auch hier täuscht vielleicht die Optik. Es wird ein paar Minuten brauchen, bis diese Wurf- und Fangübung fehlerfrei funktioniert.

Tipp: Beginne mit der schwächeren Hand als Wurfhand
Rechtshänder sollten mit der rechten Hand als Fanghand (oben) und die linke Hand als Wurfhand (unten) beginnen.

Die Stellung der Hände bzw. Arme
Zu Beginn liegt der Ball in der „schwächeren" Hand und wird in etwa der Höhe des Bauchnabels gehalten. Die andere Hand nimmt den Ball aus der linken Hand, führt ihn bis direkt vor die Augen und lässt den Ball wieder in die linke Hand fallen. Die rechte Hand bleibt dabei aber oben – es wird nur der Ball losgelassen.

Die „schwächere"(z.B. linke) Hand bleibt während der Übung immer unten
... in etwa in Bauchnabelhöhe. Beim Fangen des Balles geht die Hand ein wenig nach unten bzw. fängt den Schwung ein wenig ab, um ihn dann wieder senkrecht nach oben – direkt in die rechte Hand zu werfen. Der Abwurf kann bzw. muss ziemlich rasant erfolgen, gezielt in die rechte Hand hinein.

Die „stärkere" (z.B. rechte) Hand
bleibt während der Übung immer in Stirnhöhe
Beim Fangen musst Du darauf achten, dass die rechte Hand dem geworfenen Ball nicht entgegen geht. Deshalb der schnelle, rasante Abwurf „in die rechte Hand hinein". Im Idealfall wird die rechte Hand nur geschlossen bzw. geöffnet... stabil bleibt die Hand auf Höhe der Stirn.

Versuche, das Fangen nicht zu beobachten

Wenn Du die Übung schon ganz gut kannst, versuche die Augen geradeaus auf die rechte Hand (oben) zu richten und das Fangen und Werfen mit der linken Hand sozusagen „blind“ zu versuchen. Dies müsste eigentlich auch funktionieren – mit ein wenig Übung.

Video-Datei zu dieser REHORULI®-Übung findest Du kostenfrei zum Abruf im Web bei www.Online-Akademie-Jonglieren.de

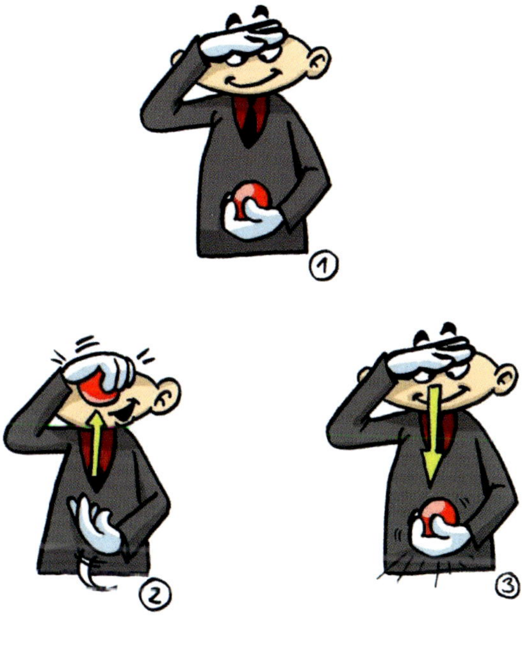

REHORULI®-Übung **6**

Das Wort Schwierigkeit muss gar nicht für einen Menschen von Geist als existent gedacht werden. Weg damit! *Georg Christoph Lichtenberg*

Die REHORULI®-Übung 6 ist exakt das Gleiche wie REHORULI®-Übung 5 – allerdings „umgekehrt"! Das heißt, die andere Hand ist unten bzw. oben. Nicht wundern, wenn es nicht auf Anhieb so gut funktioniert, wie Du es eben noch bei Übung 5 gekonnt hast. Der Körper muss komplett umdenken ... Du fängst im Prinzip genauso bei „Null" an, wie bei der vorherigen Übung. Unterschätze das nicht – es müssen beide Übungen möglichst gleich gut beherrscht werden. Beim Jonglieren mit drei Bällen brauchst Du beide Arme und beide Hände – deswegen müssen die meisten Zweiball-Übungen auch „seitenverkehrt" geübt werden – sonst fehlen dem Körper und dem Auge 50% der Informationen.

Die Stellung der Hände bzw. Arme
Zu Beginn liegt der Ball jetzt in der rechten Hand und wird in etwa Höhe des Bauchnabels und Hüfte gehalten. Die linke Hand nimmt den Ball aus der rechten Hand, führt ihn bis direkt vor die Augen und lässt den Ball wieder in die rechte Hand fallen. Die linke Hand bleibt nun oben – es wird nur der Ball losgelassen.

Die rechte Hand bleibt während der Übung immer unten
... etwa in Bauchnabelhöhe. Beim Fangen des Balles geht die Hand ein wenig nach unten bzw. fängt den Schwung ein wenig ab, um ihn dann wieder senkrecht nach oben – direkt in die linke Hand zu werfen. Der Abwurf kann bzw. muss ziemlich schnell erfolgen, gezielt in die linke Hand hinein.

Die linke Hand bleibt während der Übung immer in Stirnhöhe
Beim Fangen musst Du darauf achten, dass die rechte Hand dem geworfenen Ball nicht entgegengeht. Deshalb der

schnelle, rasante Abwurf „in die linke Hand hinein". Im Idealfall wird die linke Hand nur geschlossen bzw. geöffnet.

Versuche, das Fangen nicht zu beobachten

Wenn Du die Übung schon ganz gut kannst, versuche mal die Augen geradeaus auf die linke Hand (oben) zu richten und das Fangen und Werfen mit der rechten Hand sozusagen „halb-blind" zu versuchen. Dies müsste eigentlich auch funktionieren – mit ein wenig Übung. Dies ist schon eine gute Übung für das Jonglieren aus dem Unterbewusstsein heraus. Wird später wichtig bei 3 Bällen. Eine Seite (rechter oder linker Wurf) wird sich immer „anders" anfühlen. Das ist normal und wird Dich fast immer „begleiten".

Video-Datei zu dieser REHORULI®-Übung findest Du kostenfrei zum Abruf im Web bei www.Online-Akademie-Jonglieren.de

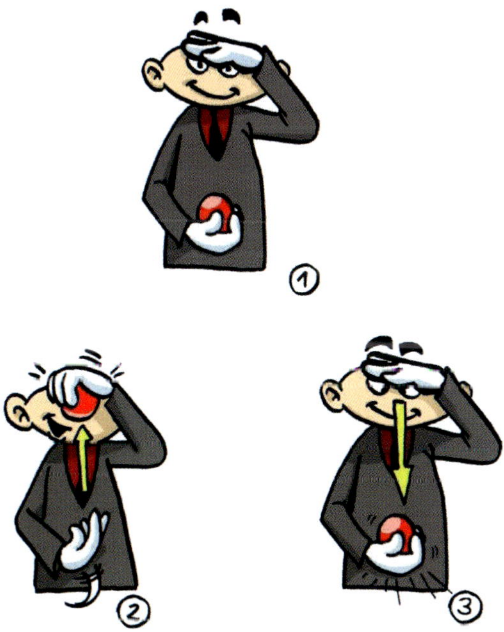

REHORULI®-Übung **7**

Die größten Schwierigkeiten liegen da, wo wir sie nicht suchen.

Johann Wolfgang von Goethe

Für diese Übung benötigen wir nur einen Ball und arbeiten mit nur einer Hand. Es wird sich aber zu Beginn anfühlen, als ob Du „alle Hände voll zu tun" hast. Diese Übung bereitet die Hand auf das Wurftempo des Balles vor.

Beginne auch bei dieser Übung mit Deiner „schwächeren" Hand. Wenn Du Linkshänder bist, starte mit rechts. Wenn Du Rechtshänder bist, nimm den Ball zuerst in die linke Hand.

Dein Arm ist fast gestreckt, bevor Du den Ball seitlich hoch wirst. Wichtig ist die Höhe. **Ideal ist Augenhöhe!** Gleich nachdem Du den Ball geworfen hast, bewegst Du die Hand sehr schnell über den Ball seitlich vorbei – siehe JONGLORO rechts (Bild 3) und nimmst die Hand auf demselben Weg schnell wieder herunter, um den Ball wieder zu fangen.

Hierfür wirst Du einige Versuche benötigen, bevor Du ein Gefühl dafür entwickelst. Es fühlt sich bei den ersten Versuchen überaus hektisch an. Das ist normal, denn Deine Hand muss schneller als das Wurftempo des Balles sein!

Die gleiche Übung musst Du natürlich auch mit der anderen Hand üben. Beide Seiten (rechte und linke Hand!) müssen das Gefühl für das Wurftempo des Balles entwickeln. Umso schneller und sicherer das gelernt wird, desto einfacher fallen alle anderen REHORULI®-Übungen.

Video-Datei zu dieser REHORULI®-Übung findest Du kostenfrei zum Abruf im Web bei www.Online-Akademie-Jonglieren.de

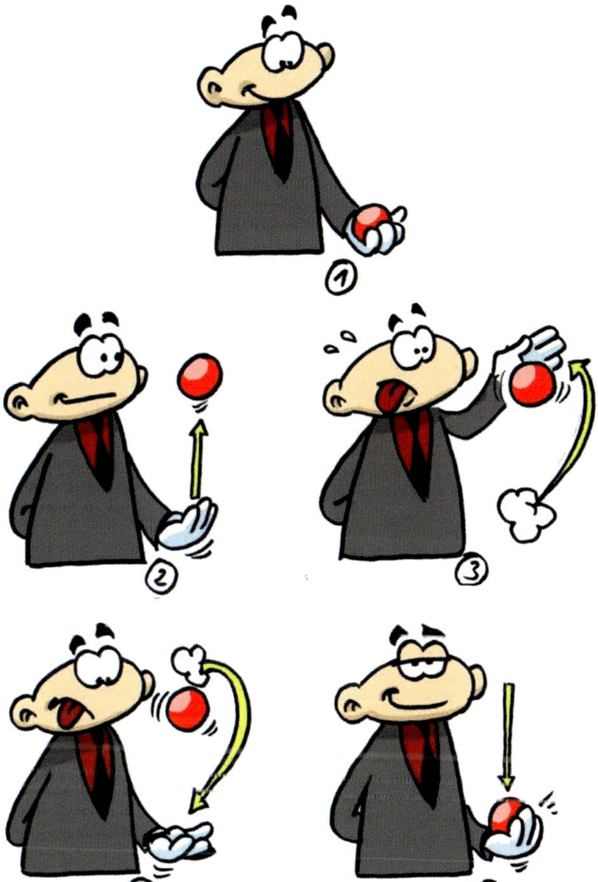

REHORULI®-Übung **8**

Nicht weil es schwer ist, wagen wir´s nicht,
sondern weil wir´s nicht wagen, ist es schwer. *Lucius Annaeus Seneca*

Die REHORULI®-Übung 8 kennst Du schon. Es ist die gleiche Übung wie REHORULI®-Übung 1. Doch nun versuche diese Übung erneut. Es wird sich sicher anders, leichter anfühlen, als bei den ersten Versuchen. Bevor Du beginnst, achte bitte unbedingt auf folgende Punkte:

Der Ball darf maximal Augenhöhe erreichen ...
nun bei jedem Wurf!

Die Arme sind beim Wurf locker und gebeugt – nie gestreckt.
Achte beim Werfen darauf, ob Deine Ellbogen am Körper bleiben bzw. nicht nach vorne gehen. Der Ellbogen soll den Körper nicht berühren oder am Körper „kleben". Locker und unbeschwert soll geworfen/gefangen werden.

Beim Fangen des Balles bleibt der Arm unten
und geht dem Ball NICHT entgegen.
Achte darauf, ob Du dazu neigst, beim Fangen den Ball mit Deiner „Fanghand" entgegenzugehen oder ob Du genug Ruhe hast und abwarten kannst, bis der Ball in die geöffnete Hand fällt.

Lautloses Fangen ist ideal!
Das beste „Prüfgerät" ist Dein Ohr! Umso weniger Du das Fangen hörst, desto besser ist Dein Fangen. Bei Profi-Jongleuren ist das Fang-Geräusch nicht mehr zu hören. Folge Deinem Ohr, wenn Du beim Werfen und Fangen nichts mehr hörst, kannst Du selten etwas verbessern.

Video-Datei zu dieser REHORULI®-Übung findest Du kostenfrei zum Abruf im Web bei www.Online-Akademie-Jonglieren.de

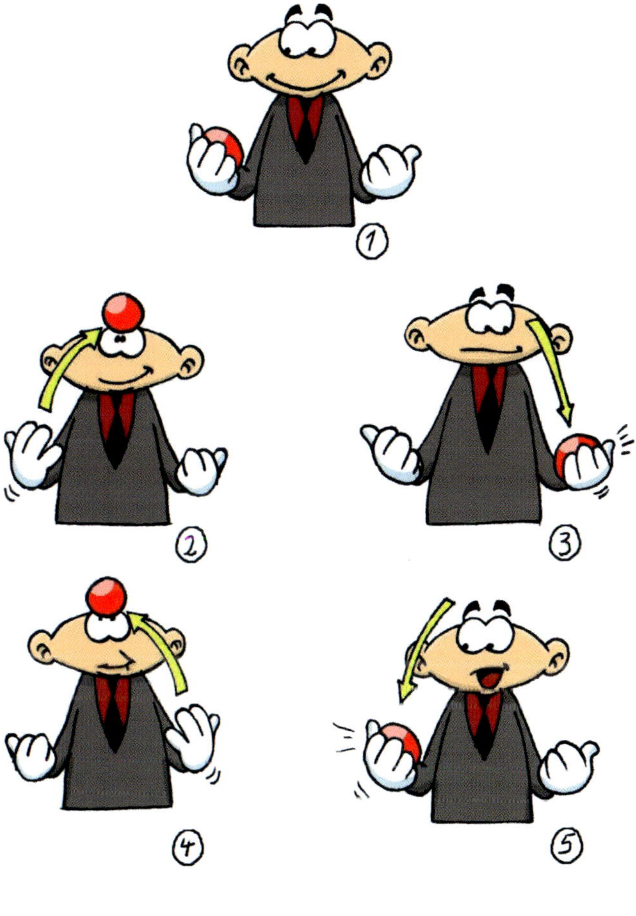

REHORULI®-Übung **9**

Geben wir zu, wir sind auf jede Überraschung vorbereitet,
nur die alltäglichen Dinge brechen über uns herein wie Katastrophen.

Stanislaw Jerzy Lec

Die Hände werden über Kreuz gehalten
Dabei ist zu beachten, dass sich die Innenseiten der Unterarme (Puls) leicht berühren. Erst, wenn Du den Kontakt zwischen dem rechten und linken Puls „hergestellt" hast, liegen Deine Arme richtig.

Drehen der Hände ... vor und zurück
Die Hände werden jeweils um eine halbe Drehung gleichzeitig gedreht. Auch hier wird der Hinweis enorm helfen, dass der Puls der Hände sich immer „gegenüber" befindet. Immer – das heißt „Puls auf Puls" wird NIE verändert. Wenn Du die Übung mit Puls-Berührung gemacht hast – versuche jetzt die Übung mit etwas „Zwischenraum" zwischen dem Puls der rechten und linken Hand.

Tipp:
Probiere diese Übung bei Deinen Freunden oder Verwandten aus. Du wirst verblüffende Ergebnisse feststellen. Etwa jeder zweite, der diese Übung zum ersten Mal versucht, hat zumindest zu Anfang ein wenig Probleme. Hierzu musst Du nur die Übung zeigen und dazu auffordern, die Übung nachzumachen. Ohne weitere Erklärung. Nur vormachen! Kein Hinweis in Sachen Puls o.ä.! Schon bei der Stellung der Hände zu Beginn wird häufig viel falsch gemacht. Es fällt schwer, weil diese Übung die linke und die rechte Gehirnhälfte gleichzeitig fordert. Vielen Menschen fällt es schwer, beide Gehirnhälften schnell gleichzeitig zu aktivieren.

Hier hilft übrigens auch die „Liegende Acht" (siehe REHORULI®-Übung 2). Sollte Dir die REHORULI®-Übung 9 noch immer Probleme machen, dann empfiehlt sich eine Pause. Nach der Pause beginnst Du dann mit REHORULI®-Übung 2 und startest dann neu mit REHORULI®-Übung 9.

Video-Datei zu dieser REHORULI®-Übung findest Du kostenfrei zum Abruf im Web bei www.Online-Akademie-Jonglieren.de

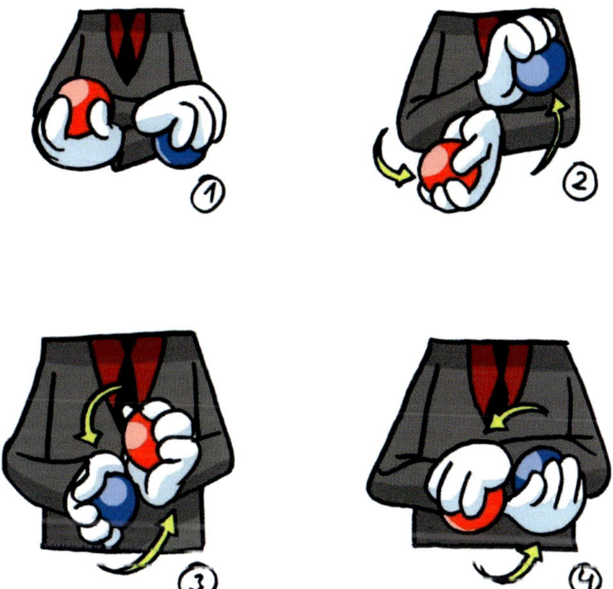

REHORULI®-Übung **10**

Auch aus Steinen, die einem in den Weg gelegt werden, kann man Schönes bauen. - Johann Wolfgang von Goethe

Die REHORULI®-Übung 10 geht nun einen Schritt weiter. Jetzt werden, wie bei REHORULI®-Übung 9 die Hände gekreuzt und dabei abwechselnd links und rechts der Ball einmal hochgeworfen.

Die Hände werden über Kreuz gehalten ... in allen Phasen
Auch hier hilft wieder als Orientierung: „Puls geht auf Puls".

Möglichst fließende Bewegungen
Das Drehen der Hände vor und zurück, sollte möglichst locker erfolgen. Die Arme sind NICHT gestreckt, sondern leicht und locker angewinkelt.

Die Höhe des Balles beim Werfen
... ist nicht entscheidend. Nur kurz antippen ... ca. 10-15 cm hoch reicht völlig aus. Wichtig ist nur, dass der Ball die Hand verlässt und sauber gefangen wird, um beim Fangen sofort die Rückdrehung zu beginnen. Das heißt, beim Fangen den Schwung des Balles abfedern.

Wenn Du Dich jetzt auf das Werfen konzentrierst, funktioniert das „Drehen" der Hände automatisch. Darüber denkst Du (hoffentlich) nicht mehr nach. Nicht „denken", sondern „machen" ist die Devise beim Jonglieren.
Auch hier bei diesen Übungen.

Video-Datei zu dieser REHORULI®-Übung findest Du kostenfrei zum Abruf im Web bei www.Online-Akademie-Jonglieren.de

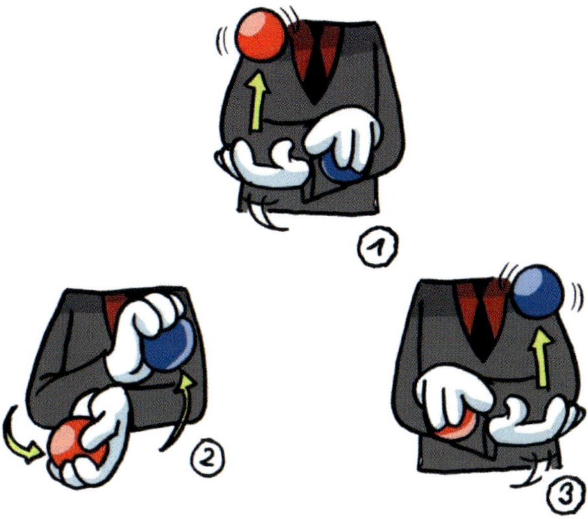

Wahrnehmungstest

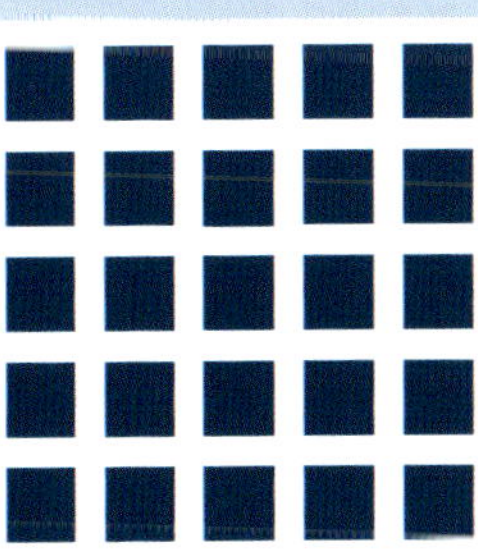

Auch hier täuschen uns die Augen:

Die grauen Schatten an den Kreuzungspunkten der weißen Linien sind eine Illusion!

REHORULI®-Übung **11**

Gleichgewicht halten ist die erfolgreichste Bewegung des Lebens.
Friedl Beutelrock

Jetzt sind wir soweit, dass Du beide Bälle mal loslassen kannst. Es ist diesmal ganz einfach. Beide Bälle werden möglichst parallel hoch geworfen und gleichzeitig wieder gefangen.

Auf die Höhe der Bälle achten: maximal Augenhöhe!

Den Schwung der Bälle beim Fangen abfedern...
und die Hände etwas runter nehmen, wenn Du den Ball spürst. In keinem Fall solltest Du den Bällen beim Fangen entgegengehen.

Die Hände bleiben unten
... und werden beim Werfen max. bis zur Höhe des Bauchnabels geführt und dann abgeworfen. Spätestens, wenn die Arme waagrecht sind, solltest Du die Bälle loslassen. Die Hände bleiben unten... die Unterarme sind max. waagrecht!

Umso enger die Bälle nebeneinander sind, desto einfacher das Fangen
Am besten versuchst Du, die Bälle so nah wie möglich nebeneinander parallel hoch zu werfen, so dass je ein Ball genau vor Deinem Auge die maximale Höhe erreicht. JONGLORO (rechts) zeigt schon die „Version für Fortgeschrittene“ ... Hände/Arme sind weiter auseinander.

Möglichst „viel Luft“ zwischen Händen und Bällen
Da jeder Mensch normalerweise eine „schwache“ und eine „starke“ Hand hat, wird das zu Beginn nicht einfach, beide Bälle in die gleiche Höhe werfen zu können. Dass beide Bälle parallel fliegen, ist allerdings sehr wichtig für diese Übung. Dies wird nur erreicht, wenn die Bälle früh die Hand verlassen (spätestens Höhe des Bauchnabels) und auch unten bleiben.

Tipp:
Achte darauf, dass beim Werfen und Fangen die Arme oder Hände nicht oberhalb des Bauchnabels geführt werden.

Wenn alles gut läuft....

1. Hände bleiben beim Werfen und Fangen unten, und ...
2. ...die Bälle sind nahezu parallel zu sehen.
3. Die Bälle sind ziemlich genau auf Augenhöhe, bevor sie sich wieder senken.
4. Versuche jetzt auch noch lautlos zu fangen. Es ist wirk-lich möglich, dass beim Fangen kein Geräusch zu hören ist!

Video-Datei zu dieser REHORULI®-Übung findest Du kostenfrei zum Abruf im Web bei www.Online-Akademie-Jonglieren.de

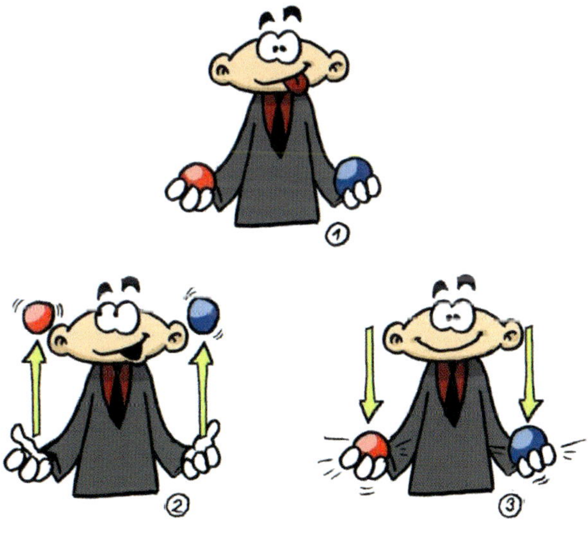

REHORULI®-Übung **12**

Der beste Zeitpunkt ein entstehendes Problem anzupacken, ist die Zeit vor seiner Entstehung. *Ray Winston Freemann*

Bei dieser Übung wird ein Ball hoch geworfen und der andere Ball festgehalten und mit dem Arm bewegt. Dies sieht leicht aus, muss jedoch geübt werden, dass es sich auch leicht „anfühlt“.

Gleichzeitig mit der linken Hand werfen und den rechten Arm bewegen

... ist das „Geheimnis“ dieser Übung. Es muss gleichzeitig geschehen. Die linke Hand wirft den Ball senkrecht hoch, während sich die rechte Hand gleichzeitig zur Handfläche der linken Hand waagrecht bewegt. Wenn der Ball den höchsten Punkt erreicht hat (und wieder fällt), ist dies der Zeitpunkt, in dem die rechte Hand mit dem anderen Ball sich wieder in die Ausgangsposition zurück bewegt.

Der Ball erreicht maximal Augenhöhe.

Die linke Hand wirft und fängt den geworfenen Ball.

Der in der rechten Hand befindliche Ball wird in die linke Handfläche und zurück bewegt.

Dabei solltest Du darauf achten, dass der Ball die Handfläche auch wirklich berührt.

Video-Datei zu dieser REHORULI®-Übung findest Du kostenfrei zum Abruf im Web bei www.Online-Akademie-Jonglieren.de

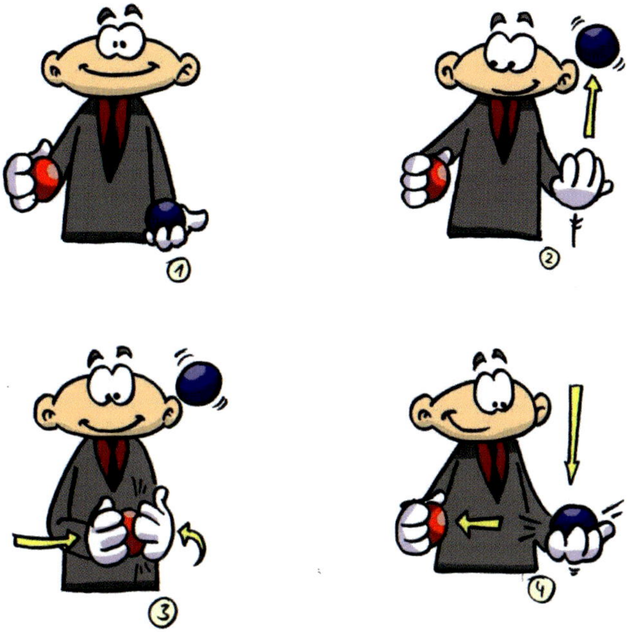

Wahrnehmungstest

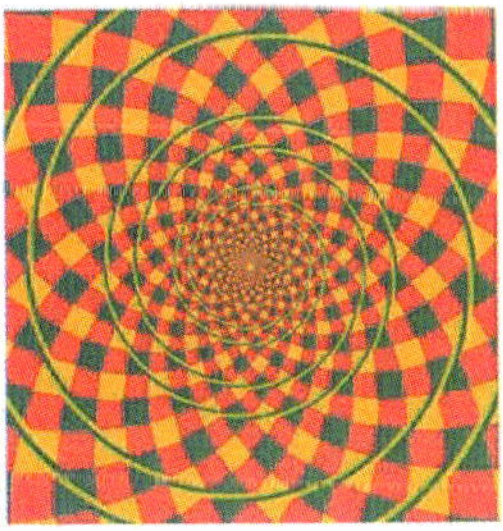

Was siehst Du?
Eine unendliche Spirale?

Es handelt sich in Wirklichkeit um mehrere Kreise!

REHORULI®-Übung **13**

Verbringe nicht die Zeit mit der Suche nach einem Hindernis, vielleicht ist keines da. Franz Kafka

Genau wie REHORULI®-Übung 12 – nur seitenverkehrt!

Gleichzeitig mit rechter Hand werfen und linken Arm bewegen
Es muss gleichzeitig geschehen. Die rechte Hand wirft den Ball senkrecht hoch, während die linke Hand gleichzeitig sich zur Handfläche der rechten Hand waagrecht bewegt. Wenn der Ball den höchsten Punkt erreicht hat (und wieder fällt), ist dies der Zeitpunkt, in dem die linke Hand mit ihrem Ball sich wieder in die Ausgangsposition zurück bewegt.

Der Ball erreicht maximal Augenhöhe.

Die rechte Hand wirft und fängt den geworfenen Ball.

Der in der linken Hand befindliche Ball wird in die rechte Handfläche und zurück bewegt.
Achte darauf, dass der Ball der linken Hand die rechte Handfläche berührt.

Wahrnehmungstest

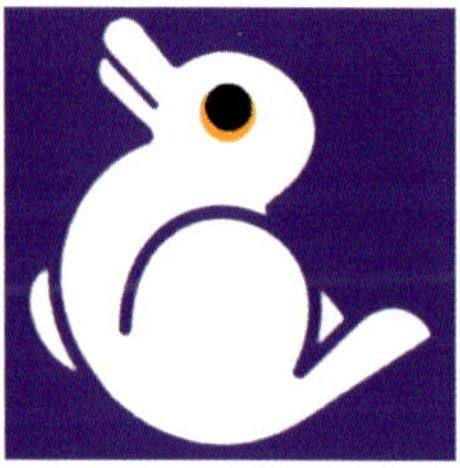

Was siehst Du zuerst?

Ente oder Kaninchen?

Video-Datei zu dieser REHORULI®-Übung findest Du kostenfrei zum Abruf im Web bei www.Online-Akademie-Jonglieren.de

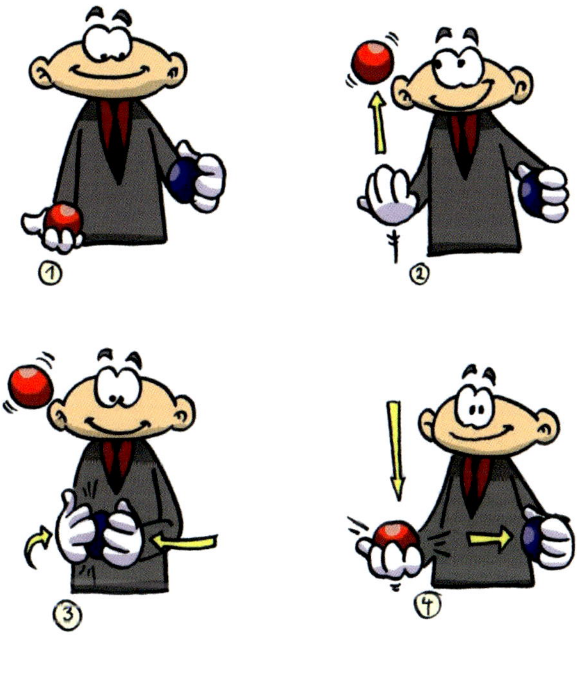

REHORULI®-Übung **14**

Das Leben kompliziert sich von selbst derart,
dass am Ende alles einfach erscheint. *Wieslaw Brudzinski*

Diese REHORULI®-Übung ist ähnlich wie REHORULI®-Übung 12 und 13. Hier wird auch ein Ball senkrecht hoch gewor-fen, und der andere Ball wird festgehalten und bewegt. Allerdings ist diese Übung um ein Vielfaches schwerer! Denn es ist eine „über Kreuz“-Bewegung für Körper und Auge.

Die linke Hand wirft senkrecht hoch und fängt auch

Während der geworfene Ball oben ist, bewegt sich die rechte Hand
zwischen Ball und linker Hand über die Körpermittellinie (Höhe des Bauchnabels) hindurch und bleibt dort.

Die linke Hand wirft erneut – und die rechte Hand bewegt sich zurück
auch wieder zwischen Handfläche (die gerade abgeworfen hat) und Ball (der oben ist) hindurch.

Spätestens bei dieser Übung wird es „spürbar“, wie hilfreich es ist, die Wurfhand beim Werfen und Fangen unten zu lassen.

Tipps:
Eine mögliche „Vermeidungsstrategie“ Deines Körpers könnte sein, dass der rechte Arm unter dem linken Arm geführt wird. Das passiert sehr häufig! Der Körper will auf energetisch niedrigstem Level arbeiten. Sehr oft merkt man dies gar nicht und glaubt, die REHORULI®-Übung richtig auszuführen. Also bitte genau hinsehen. Der Arm wird unterhalb des Balles und oberhalb des Wurf-Armes geführt.

Versuche nicht, den Wurf und die Bewegung gleichzeitig auszuführen. Das ist sehr schwer. Sehr viel einfacher ist es, erst zu werfen und nach dem Wurf den anderen Arm unterhalb des Balles waagrecht hindurch zu bewegen. Es hilft auch zählen: 1 = Wurf und 2 = Bewegung des anderen Armes.

Video-Datei zu dieser REHORULI®-Übung findest Du kostenfrei zum Abruf im Web bei www.Online-Akademie-Jonglieren.de

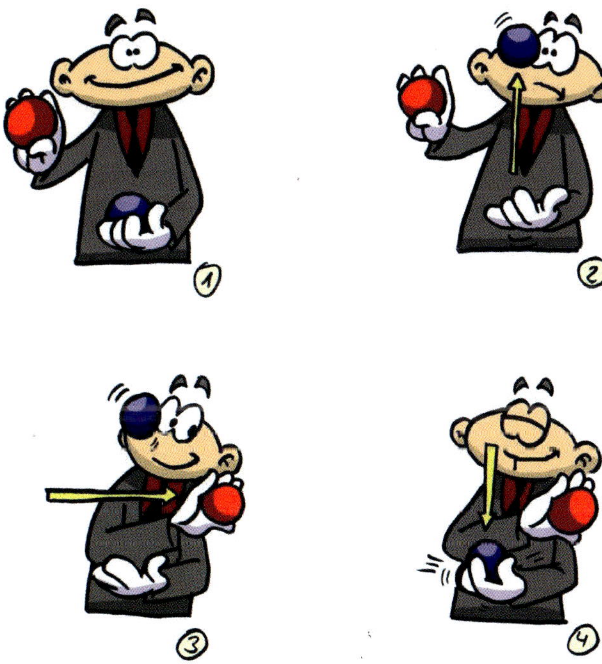

REHORULI®-Übung **15**

In jeder Krise steckt eine Chance, dazu zu lernen. Anneliese Fuch

Diese Übung ist exakt die gleiche Übung wie REHORULI®-Übung 14 – nur seitenverkehrt!

Die rechte Hand wirft senkrecht hoch und fängt auch.

Wenn der geworfene Ball den höchsten Punkt erreicht hat, bewegt sich die linke Hand zwischen Ball und rechter Hand über die Körpermittellinie hindurch und bleibt dort.

Die rechte Hand wirft erneut – und die linke Hand bewegt sich zurück - auch wieder zwischen Handfläche (die gerade abgeworfen hat) und Ball (der oben ist) hindurch.

Video-Datei zu dieser REHORULI®-Übung findest Du kostenfrei zum Abruf im Web bei www.Online-Akademie-Jonglieren.de

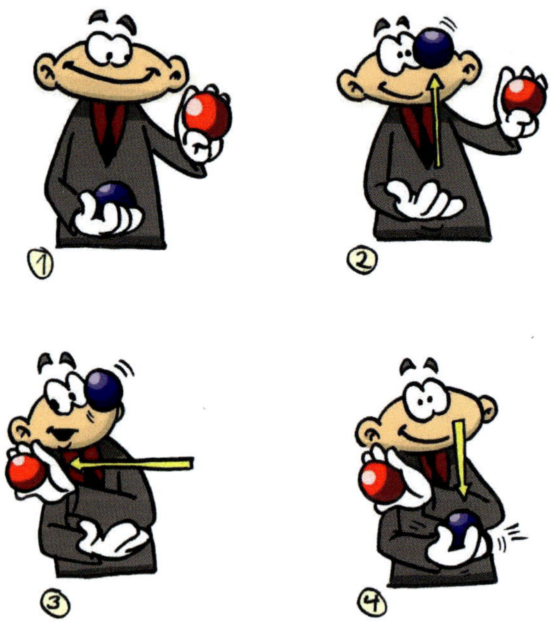

Wir brauchen Buchstaben, wir lesen aber immer das komplette Wort!

Durch ein kleines Experiment kannst Du etwas Verblüffendes über unser Leseverhalten herausfinden. Nachfolgend findest Du einen Text, der auf den ersten Blick nur eine wirre Aneinanderreihung von Buchstaben enthält. Wenn Du genau hinsiehst, kannst Du diesen Text gut und einigermaßen „flüssig“ lesen.

Wegstaben verbuchtelt

Luat enier sidtue an eienr elgnhcsien uvrsnäiett, ist es eagl, in wcheler rhnfgeeloie die bstuchbaen in eniem wrot snid. das eniizg whictgie ist, dsas der etrse und der lztete bstuchbae am rtigeichn paltz snid. der rset knan tatol deiuranchnedr sien, und man knan es ienrmomch onhe porbelm lseen. das legit daarn, dsas wir nhcit jeedn bstuchbaen aeilln lseen, srednon das wrot als gzanes.

Übersetzung des obigen „Buchstaben-Salates“:
Laut einer Studie an einer englischen Universität, ist es egal, in welcher Reihenfolge die Buchstaben in einem Wort sind. Das einzig Wichtige ist, dass der erste und der letzte Buchstabe am richtigen Platz sind. Der Rest kann total durcheinander sein, und man kann es immer noch ohne Probleme lesen. Das liegt daran, dass wir nicht jeden Buchstaben allein lesen, sondern das Wort als Ganzes.

Probiere es aus! Schreibe einen kurzen Text (3-4 Sätze) und vertausche die Buchstaben bei jedem Wort (nur der erste und letzte Buchstabe bleiben unverändert). Gib diesen Text Deinem Partner, Deinen Arbeitskollegen usw. zum Lesen. Jeder wird Deinen Text lesen können. Eignet sich übrigens auch gut für Einladungen oder andere Anlässe als originelle Idee.

REHORULI®-Übung **16**

Sich zu mühen und mit dem Widerstande zu kämpfen,
ist dem Menschen Bedürfnis wie dem Maulwurf das Graben.
Arthur Schopenhauer

Diese Übung ist ähnlich wie REHORULI®-Übung 11, in der beide Bälle parallel abgeworfen und gefangen werden. Beide Bälle werden auch hier parallel nach oben geworfen – allerdings musst Du bei dieser Übung die Bälle mit gekreuzten Armen fangen!

Es werden nur die Hände gekreuzt, NICHT die Bälle!

Auf die Höhe der Bälle achten: maximal Augenhöhe!

Den Schwung der Bälle beim Fangen abfedern...
und die Hände etwas herunter nehmen, wenn Du den Ball spürst. In keinem Fall solltest Du den Bällen beim Fangen entgegengehen.

Die Hände bleiben unten
... und werden beim Werfen max. waagrecht gehalten. Spätestens, wenn die Arme waagrecht sind, sollten die Bälle losgelassen werden.

Umso näher die Bälle, desto einfacher das Fangen
Am besten versuchst Du, die Bälle so nah wie möglich nebeneinander parallel hoch zu werfen... so dass je ein Ball genau vor Deinem Auge als maximale Höhe erreicht.

Möglichst „viel Luft“ zwischen Hände und Bälle
Die Hände erst dann kreuzen bzw. bewegen,
wenn die Bälle oben sind
Das Kreuzen der Hände fällt deshalb so schwer, weil die Augen sehen, dass die Bälle parallel fliegen. Dies erfordert Gelassenheit beider Gehirnhälften – die trainiert werden muss. Häufig werden die Bälle über Kreuz geworfen – darauf bitte zuerst achten. Die Bälle müssen parallel fliegen –

möglichst nahe nebeneinander. Hektik ist hier fehl am Platz. Erst sauber und parallel abwerfen und, wenn Du beide Bälle oben siehst, dann erst darfst Du die Arme kreuzen und die Bälle fallen dann automatisch in die jeweils andere Hand.

JONGLORO zeigt Dir in den Abbildungen 1 bis 3 (Seite 71) wie diese Übung funktioniert. An Bild 2 ist schön zu erkennen, dass die Arme noch parallel sind, wenn die Bälle den höchsten Punkt (Augenhöhe) erreicht haben. Erst dann werden die Arme gekreuzt!

In Bild 4 und 5 zeigt Dir JONGLORO bereits eine weitere, ANDERE Stellung der Arme beim Abwurf. Hier werden die Bälle mit gekreuzten Armen (!) parallel abgeworfen (Bild 4). Nach dem Wurf gehen die Arme auseinander, um die Bälle dann parallel zu fangen.

Wahrnehmungstest

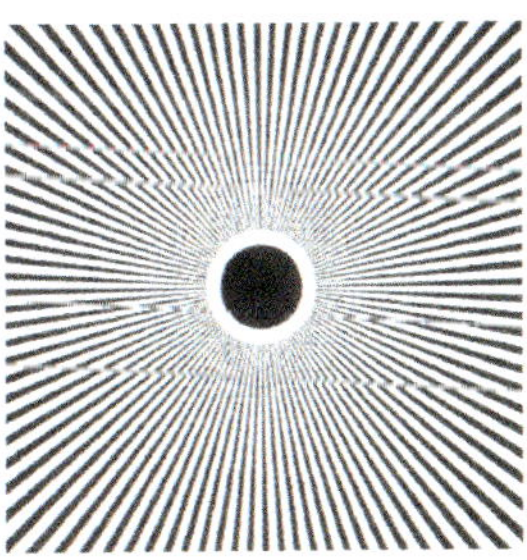

Siehst Du auch die kreisförmigen Schatten?

Durch die Anordnung der Strahlen entstehen in unserem Auge kreisförmige Schatten, die in Wirklichkeit gar nicht vorhanden sind.

Video-Datei zu dieser REHORULI®-Übung findest Du kostenfrei zum Abruf im Web bei www.Online-Akademie-Jonglieren.de

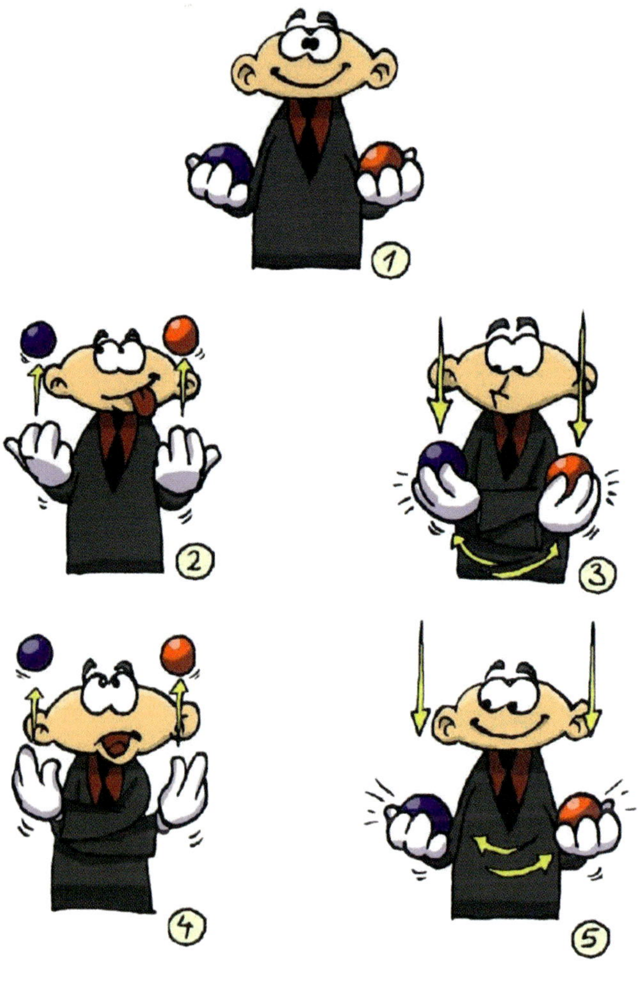

REHORULI®-Übung **17**

Ich weiß nicht, ob es besser wird, wenn es anders wird.
Aber es muss anders werden, wenn es besser werden soll.
Georg Christoph Lichtenberg

Vorbereitend auf die REHORULI®-Übung 17 nehmen wir je einen Ball in eine Hand, nehmen eine Hand auf Stirnhöhe und lassen den Ball fallen (in der Abbildung die linke Hand), um ihn mit der gleichen Hand auch zu fangen. Wie man bei JONGLORO unten sieht, macht der andere Arm (rechts) gar nichts. - Dies solltest Du nun mit beiden Seiten ausprobieren. Links den Arm hoch nehmen, Ball vors Auge halten – max. Stirnhöhe und den Ball fallen lassen – und – mit der gleichen Hand – unten fangen. Der Arm geht außen am Ball vorbei, während der Ball fällt. Der Ball fällt in die unten geöffnete Hand. Dies ein paar Mal mit der rechten und linken Hand ausprobieren. Die Hand „lernt" so das Tempo des Balles.

Jetzt steigerst Du dies, indem Du die andere Hand (mit dem Ball) nach oben nimmst – zeitgleich, während der Ball fällt! Beide Arme bewegen sich nun. Achte bitte darauf, dass beide Arme in einem „Halbkreis“ bewegt werden. Die Übung ist leichter beschrieben und mit JONGLORO dargestellt, als es sich tatsächlich für Dich anfühlen wird. Wenn Du den Ball immer im Auge behältst und „kerzengerade“ fallen lässt (immer Blickkontakt), dann wird die Übung sehr viel leichter. Eine weitere Steigerung dieser Übung ist es, das Tempo zu erhöhen: Es braucht eine Weile, bis sich der Körper an diese Bewegung „gewöhnt“ hat.

Video-Datei zu dieser REHORULI®-Übung findest Du kostenfrei zum Abruf im Web bei www.Online-Akademie-Jonglieren.de

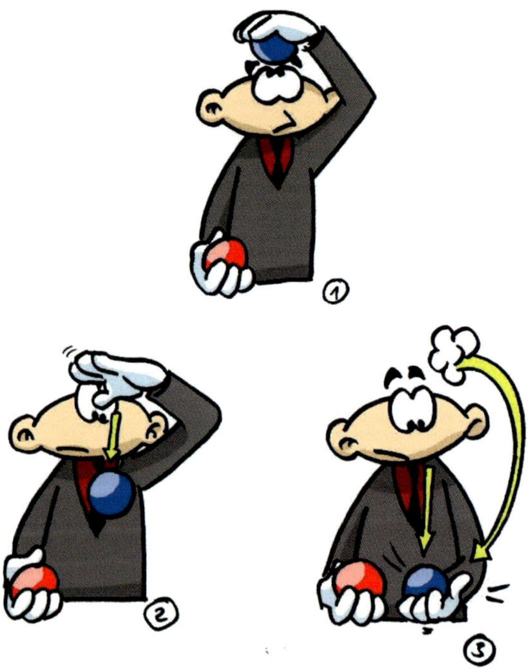

REHORULI®-Übung **18**

Je einfacher das Problem, desto tiefer muss es gefasst werden.
Marie Freifrau von Ebner-Eschenbach

Zur Entspannung und Entlastung eine vergleichsweise einfache Übung.

Ein Ball wird mit der rechten Hand festgehalten, der andere mit der linken Hand „geradeaus“ geworfen.

Der Ball, der gehalten wird, folgt dem geworfenen Ball.

Der Ball in der rechten Hand ist immer über dem anderen Ball, der von der linken Hand geworfen und gefangen wird.

Der Abstand zwischen den Bällen ist immer möglichst gleich groß ... es soll aussehen, als ob der untere von dem oberen Ball „magnetisch“ angezogen wird.

Tipp:
Wirf' zuerst einen Ball hoch und runter. Zwischen Bauchnabel und Augenhöhe – also der Mitte des Körpers. Die Hand, die wirft, fängt auch. Eine einfache, normale Wurf-/Fangbewegung. Während Du mit der einen Hand wirfst und fängst, gehst Du nun mit der anderen Hand (und dem Ball darin) über den geworfenen Ball... und folgst damit nun den Würfen: hoch und runter. Die Bälle berühren sich nicht. Der obere Arm bzw. die Hand bewegt sich nur parallel rauf und runter zum geworfenen Ball.

Video-Datei zu dieser REHORULI®-Übung findest Du kostenfrei zum Abruf im Web bei www.Online-Akademie-Jonglieren.de

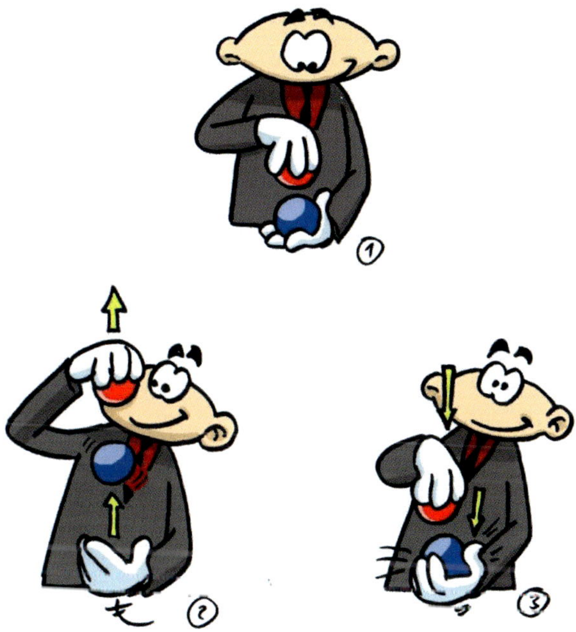

REHORULI®-Übung **19**

Großes ist deshalb so selten, weil Einfaches so schwierig ist.
Elfriede Hablé

Diese Übung funktioniert wie REHORULI®-Übung 18 – nur seitenverkehrt!

Ein Ball wird mit der linken Hand festgehalten, der andere mit der rechten Hand geworfen.

Der Ball, der gehalten wird, folgt dem geworfenen Ball.

Der Ball in der linken Hand ist immer über dem, von der rechten Hand geworfenen und gefangenen Ball.

Der Abstand zwischen den Bällen ist immer möglichst gleich groß ... es soll so aussehen, als ob der untere von dem oberen Ball „magnetisch“ angezogen wird.

Video-Datei zu dieser REHORULI®-Übung findest Du kostenfrei zum Abruf im Web bei www.Online-Akademie-Jonglieren.de

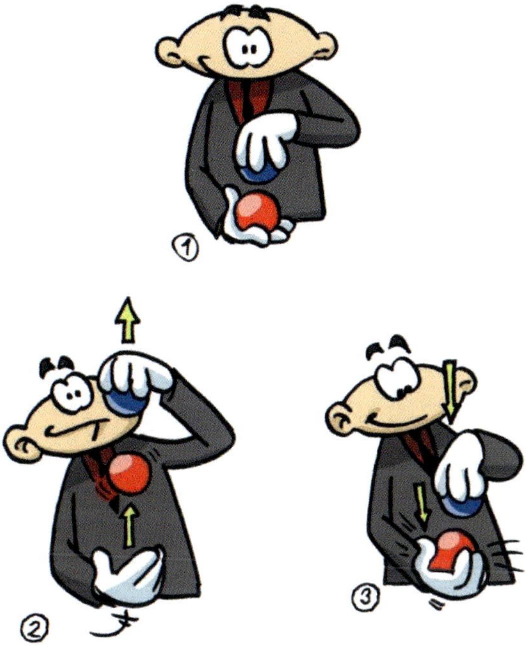

REHORULI®-Übung **20**

Das größte Risiko unserer Zeit liegt in der Angst vor dem Risiko.
Helmut Schoek

Diese Übung ist ähnlich wie die vorherigen REHORULI®-Übungen 18 und 19. Die Grundstellung der Hände ist nicht übereinander, sondern neben einander.

Ein Ball wird mit der rechten Hand festgehalten, der andere mit der linken Hand geworfen.

Der Ball, der gehalten wird, folgt dem geworfenen Ball.

Der Ball in der rechten Hand ist immer neben dem Ball, der von der linken Hand geworfen und gefangen wird.

Der Abstand zwischen den Bällen ist immer möglichst gleich groß ... es soll aussehen, als ob der geworfene Ball „magnetisch“ von der „bewegenden“ Hand gesteuert wird.

Video-Datei zu dieser REHORULI®-Übung findest Du kostenfrei zum Abruf im Web bei www.Online-Akademie-Jonglieren.de

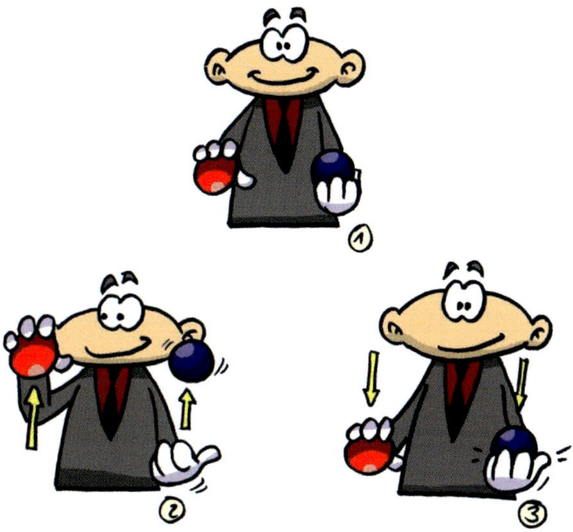

REHORULI®-Übung **21**

Schlimmer als Schwierigkeiten ist die Tendenz, sie zu meiden.
Emil Oesch

Diese Übung funktioniert wie REHORULI®-Übung 19 – nur seitenverkehrt!

Ein Ball wird mit der linken Hand festgehalten, der andere mit der rechten Hand geworfen. Der Ball, der gehalten wird, folgt dem geworfenen Ball.
Der Ball in der linken Hand ist immer neben dem Ball, der von der rechten Hand geworfen und gefangen wird. Es ist hier besonders wichtig, dass Du diese Übung von beiden Seiten (links + rechts) beherrschst.

Wahrnehmungstest

Was siehst Du zuerst?

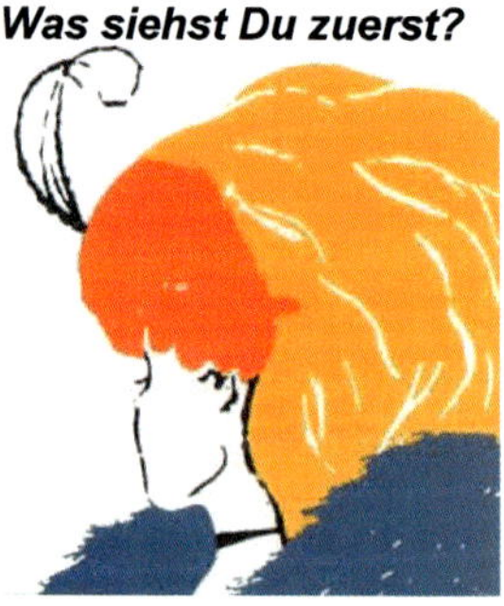

Die junge oder die alte Frau?

Egal, ob Du die alte oder junge Frau zuerst siehst ... die jeweils andere Frau ist wirklich in diesem Bild erkennbar ... es braucht nur etwas mehr Zeit, bis wir sie sehen! Es ist auch nicht schlimm, wenn Du nur ***eine*** *Frau erkennst. Gerne sende ich Dir die „Auflösung" per eMail zu.*
Einfach info@rehoruli.de anschreiben.

Video-Datei zu dieser REHORULI®-Übung findest Du kostenfrei zum Abruf im Web bei www.Online-Akademie-Jonglieren.de

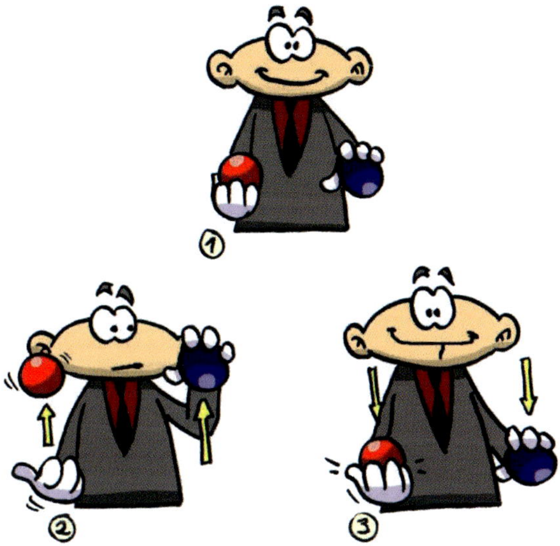

Zwischenprüfung:
REHORULI®-Übung **20+21 nacheinander!**

Versuche nun nacheinander, die Übungen 20 und 21. Ein Ball wird mit der rechten Hand festgehalten, der andere mit der linken Hand geworfen. Der Ball, der geworfen wird, folgt dem abgeworfenen Ball. Nun wirft die rechte Hand, die linke folgt. Das ist überaus anspruchsvoll, weil vor dem Abwurf beide Hände „gedreht" werden müssen. Beginne also langsam und ruhig. Du hast Zeit! Sollte das „Umschalten" auf die jeweils andere Hand schwer fallen, folgender

Tipp:
Bevor Du beginnst, achte darauf, dass beide Hände unten sind, wobei die Wurf-Hand geöffnet (Ball zeigt nach oben) und die andere Hand geschlossen ist (Ball zeigt nach unten). Die geöffnete Hand wirft und die andere Hand folgt ... rauf und runter. Stopp! Vor dem nächsten Abwurf drehst Du nun die Hände. Die Hand, die gerade geworfen hat, dreht sich nach unten und die andere Hand – die dem Wurf gefolgt ist – dreht sich nach oben (der Ball zeigt nach oben). Die nun geöffnete Hand wirft den Ball, die geschlossene Hand folgt. Langsam Schritt für Schritt. Erst wirft rechts, dann links, dann rechts, links usw. - Achte darauf, dass die „Drehung" der Hände immer unten erfolgt - vor dem Abwurf.

Video-Datei zu dieser REHORULI®-Übung findest Du kostenfrei zum Abruf im Web bei www.Online-Akademie-Jonglieren.de

Erst links abwerfen ...

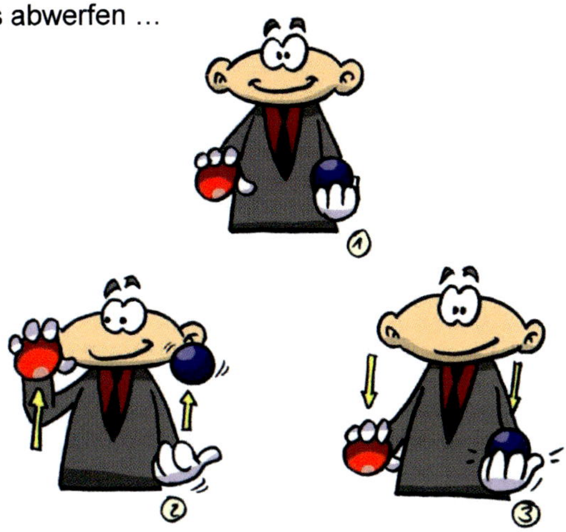

... nach dem Fangen – unten die Hände einmal drehen – und dann rechts abwerfen. Links werfen – Hände drehen – rechts werfen usw.

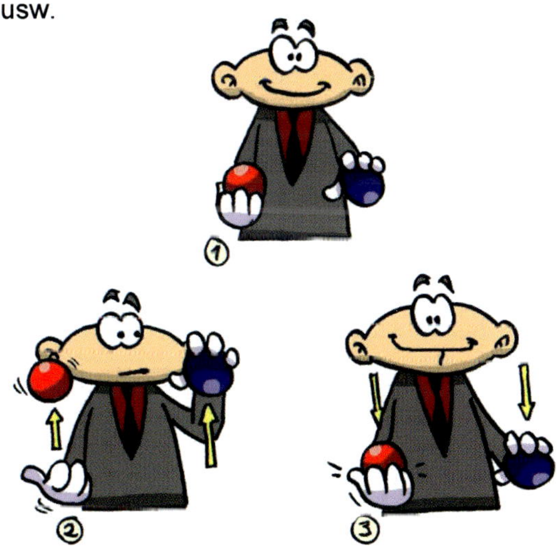

REHORULI®-Übung **22**

Wir haben immer geglaubt, dass wir die größeren Probleme direkt angehen müssten; wir haben nie daran gedacht, dass wir die größeren Probleme umformen könnten, indem wir uns selbst umformen.
Anais Nin

Bei REHORULI®-Übung 22 wird in der Grundstellung ein Ball festgehalten, der andere Ball unter dem Arm - der den Ball festhält – geworfen und über dem Arm gefangen.

Der linke Arm wird nach vorn gestreckt und möglichst nicht bewegt
Nicht den ganzen Arm strecken, es reicht, wenn der Unterarm zur Mitte gedreht wird und der Ellbogen kurz vor dem Oberkörper ist.

Die rechte Hand wirft den Ball UNTER dem linken Arm nach oben.
Der Ball soll senkrecht nach oben steigen – max. Augen- oder Schulterhöhe (der Ball steigt senkrecht, bleibt „außen" und kreuzt NICHT den linken Arm und fällt also auch NICHT nach innen zur Körpermitte!)

Die rechte Hand fängt den geworfenen Ball ÜBER dem linken Arm
Du musst also schnell sein beim Werfen und der anschließenden Bewegung über den Arm. Dennoch ist Hektik fehl am Platz. Wenn Du das Video im Internet ansiehst, kannst Du sehen dass Du genug Zeit hast, den Arm rechtzeitig über den anderen Arm zu bewegen.

Video-Datei zu dieser REHORULI®-Übung findest Du kostenfrei zum Abruf im Web bei www.Online-Akademie-Jonglieren.de

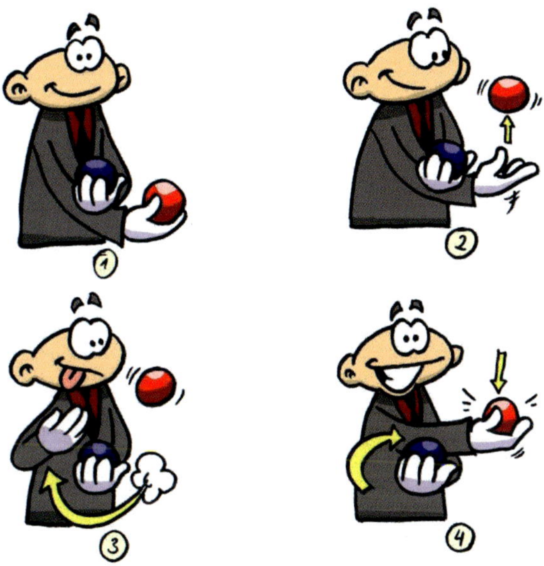

REHORULI®-Übung **23**

Ein Heros ist jemand, der glaubt, dass er alles überwinden kann. Aber heute glauben wir offensichtlich nicht mehr daran, dass wir unsere Schwierigkeiten überwinden können. Wir haben das Ideal des Heros verworfen. Anais Nin

Diese Übung funktioniert wie REHORULI®-Übung 22 – nur seitenverkehrt!

Der rechte Arm wird nach vorn gestreckt und möglichst nicht bewegt
Nicht den ganzen Arm strecken, es reicht, wenn der Unterarm vorsteht und der Ellenbogen kurz vor dem Oberkörper ist.

Die linke Hand wirft nun den Ball UNTER dem rechten Arm nach oben.
Der Ball soll senkrecht nach oben steigen – max. Augen- oder Schulterhöhe (der Ball steigt senkrecht, bleibt also „außen" und kreuzt NICHT den rechten Arm und fällt also auch NICHT nach innen zur Körpermitte!)

Die linke Hand fängt den geworfenen Ball ÜBER dem rechten Arm
Du musst schnell sein beim Werfen und der anschließen-den Bewegung über den Arm.

Video-Datei zu dieser REHORULI®-Übung findest Du kostenfrei zum Abruf im Web bei www.Online-Akademie-Jonglieren.de

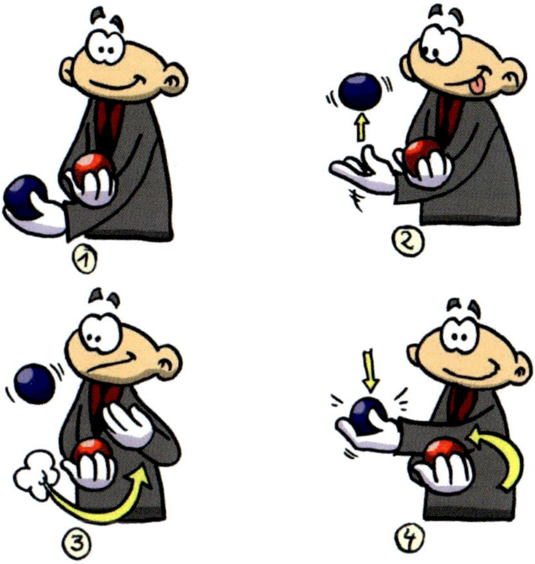

REHORULI®-Übung **24**

Kein Problem wird gelöst, wenn wir träge darauf warten, dass sich andere darum kümmern. *Martin Luther King jr.*

Diese Übung kombiniert die REHORULI®-Übungen 22 und 23. Wenn Du die Übungen 22 und 23 kannst, wird Dir diese Übung sehr leicht gelingen. Auch, wenn vieles über Kreuz läuft, wird sich diese Übung harmonisch und rhythmisch für Dich anfühlen.

Du kreuzt die Arme – die Bälle zeigen nach oben

Der untere Arm wirft zuerst – der Ball wird über dem anderen Arm gefangen
Genau so, wie Du es eben in den Übungen 22 und 23 zuvor gelernt hast.

Die Arme behalten ihre Stellungen nach dem Werfen und Fangen

Jetzt ist der andere Arm unten, also wirft diese Hand jetzt den Ball
... der wieder über den anderen Arm gefangen wird.

Jeweils im Wechsel findet nun Werfen und Fangen statt

Video-Datei zu dieser REHORULI®-Übung findest Du kostenfrei zum Abruf im Web bei www.Online-Akademie-Jonglieren.de

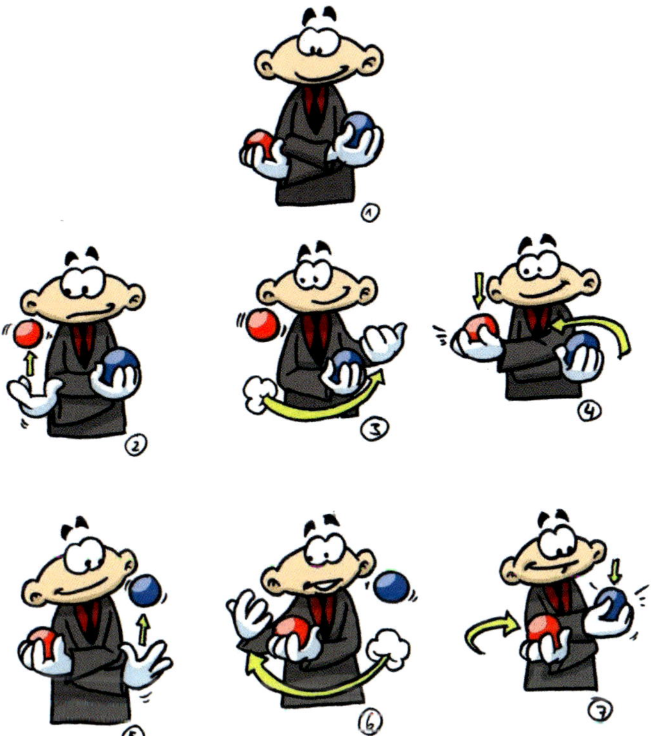

REHORULI®-Übung **25**

Wer alles leicht nimmt, wird viele Schwierigkeiten haben. Laotse

Nun kannst Du der soeben gelernten Übung noch mehr Dynamik geben. Du machst genau das Gleiche wie eben – nur achtest Du darauf, dass Du bei Beginn in die Hocke gehst und auf der Ballhöhe die Übung weitermachst, in der Du die Bälle fängst. Der Arm bleibt beim Fangen also sofort stehen und behält die Höhe. Das sieht dann so aus, als ob es Stück für Stück – wie bei einer Treppe – aufwärts geht.

Wahrnehmungstest

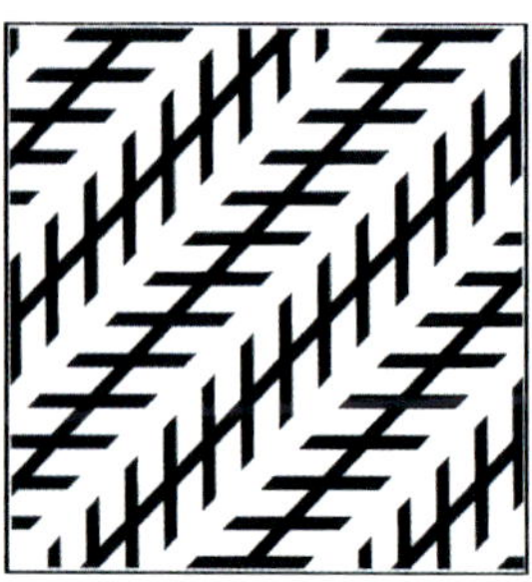

Die Diagonalen sind wirklich exakt gerade bzw. laufen parallel nebeneinander, auch, wenn uns unsere Augen auf den ersten Blick etwas anderes vorgaukeln.

Video-Datei zu dieser REHORULI®-Übung findest Du kostenfrei zum Abruf im Web bei www.Online-Akademie-Jonglieren.de

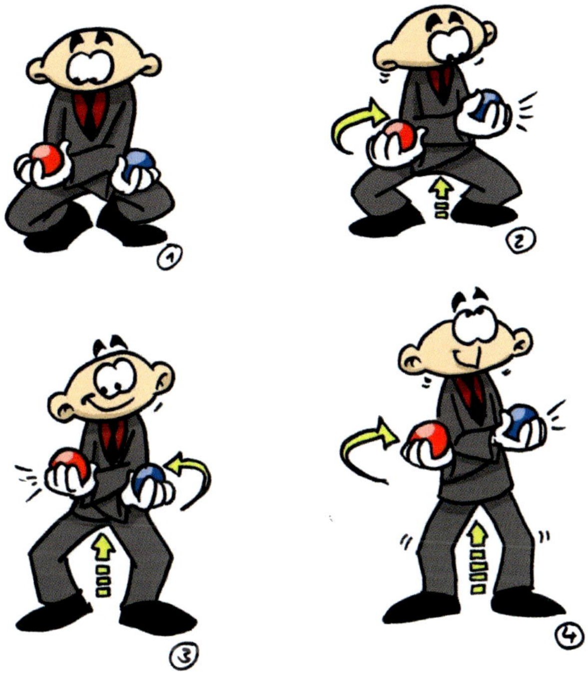

REHORULI®-Übung **26**

Talente finden Lösungen, Genies entdecken Probleme.
Hans Krailsheimer

Jetzt machen wir das Gleiche wie in REHORULI®-Übung 23 – nur abwärts. Dazu müssen wir mit dem Arm beginnen, der oben ist.

Wir kreuzen also die Arme und beginnen mit dem oberen Arm den Ball etwas nach oben zu werfen (wenige Zentimeter), um ihn dann mit dem gleichen Arm unter dem anderen zu fangen. Nun heißt es also „über den Arm werfen und unter dem Arm fangen". Eben genau umgekehrt.

Somit geht es auch wieder abwärts – wenn Du mit der Übung auf der Höhe weitermachst, wo Du die Bälle jeweils gefangen hast.

Video-Datei zu dieser REHORULI®-Übung findest Du kostenfrei zum Abruf im Web bei www.Online-Akademie-Jonglieren.de

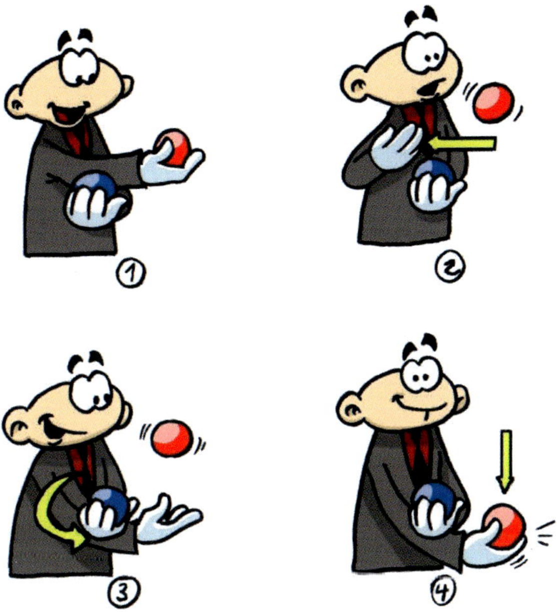

REHORULI®-Übung **27**

Wer kleine Widrigkeiten nicht erträgt, verdirbt sich damit große Pläne.
Konuzius

Bei dieser Übung malst Du mit der rechten Hand zuerst ein „U“ in die Luft – der andere Arm/Ball bleibt unten (Körpermitte). Dann wirfst Du mit der linken Hand den Ball senk-recht zur Körpermitte hoch (max. Augenhöhe). - Während der Ball nach oben steigt, gehst Du mit dem rechten Arm/Ball zwischen linker Hand und oberen Ball hindurch und bewegst den Arm nach oben – wieder die U-Form. Der rechte Arm bewegt sich wieder zurück (nach unten), der linke Arm wirft den Ball wieder senkrecht nach oben. Der rechte Arm/Ball kann zwischen Ball und linker Hand hin-durch und wieder nach oben gezogen werden. Das Ganze geschieht in einer fließenden Bewegung hin und her. Der senkrechte Wurf und das Fangen, sowie die „U-Form“ bleiben jeweils unverändert.

Video-Datei zu dieser REHORULI®-Übung findest Du kostenfrei zum Abruf im Web bei www.Online-Akademie-Jonglieren.de

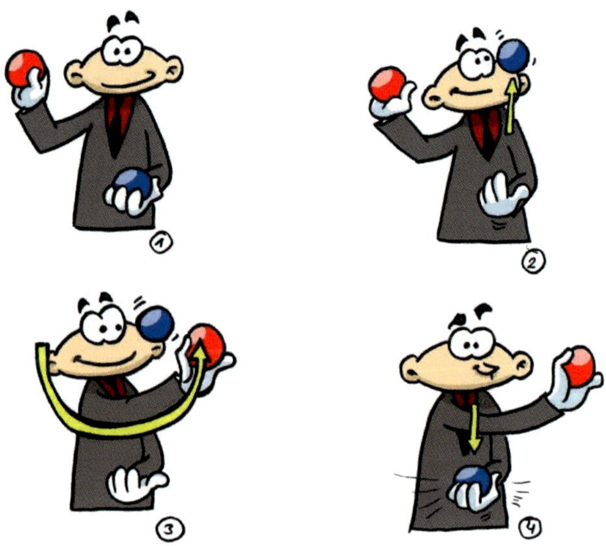

REHORULI®-Übung **28**

Exakt die gleiche Übung – nur seitenverkehrt. Links „malt" das „U". Rechts wirft und fängt.

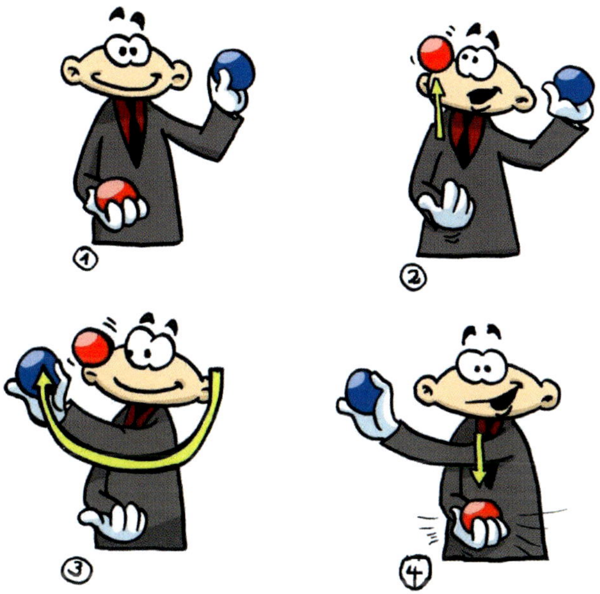

Video-Datei zu dieser REHORULI®-Übung findest Du kostenfrei zum Abruf im Web bei www.Online-Akademie-Jonglieren.de

REHORULI®-Übung **29**

Am schwersten trägt man an dem, was man zu leicht genommen.

O.W. (Otto Wilhelm) Fischer

In dieser REHORULI®-Übung sind wieder zwei Bewegungen versteckt. Du machst etwas Ähnliches wie in REHORULI®-Übung 25 und 26. Doch nun malst Du kein „U“ in die Luft, sondern einen Kreis!

Der rechte Arm bewegt sich im Kreis entgegen dem Uhrzeigersinn.

Der linke Arm wirft den Ball nach oben
... wenn der rechte Arm unten ist.

Wenn der Ball steigt, geht der Arm zwischen Ball und Wurfhand durch.

Achte auf fließende Bewegungen der linken und rechten Hand.

Mittendrin bleibst Du mit dem rechten Arm oben stehen und bewegst diesen Arm und den Ball entgegengesetzt – also nun im Uhrzeigersinn.

Links wird nach wie vor nur senkrecht nach oben geworfen und gefangen.

Video-Datei zu dieser REHORULI®-Übung findest Du kostenfrei zum Abruf im Web bei www.Online-Akademie-Jonglieren.de

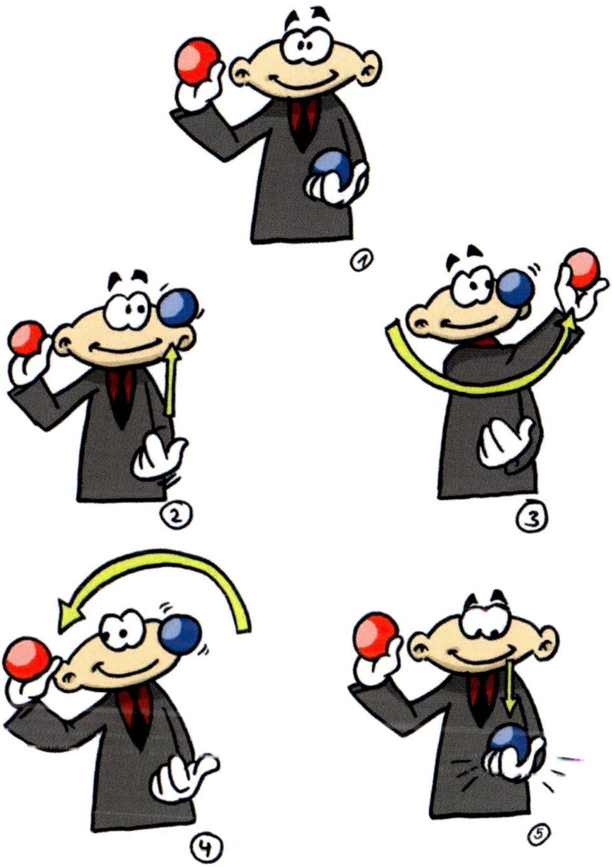

REHORULI®-Übung **30**

Nichts ist auf der Erde ohne Beschwerlichkeit.

Johann Wolfgang von Goethe

Hier machst Du die gleiche Übung – nur seitenverkehrt. Links „malt" den „Kreis". Rechts wirft den Ball geradeaus hoch (Bauchnabel bis Augenhöhe) und fängt ihn wieder.

Der linke Arm bewegt sich im Kreis entgegen dem Uhrzeigersinn.

Der rechte Arm wirft den Ball nach oben
... wenn der linke Arm unten ist.

Wenn der Ball steigt, geht der Arm zwischen Ball und Wurfhand durch.

Achte auf fließende Bewegungen der linken und rechten Hand.

Mittendrin bleibst Du mit dem linken Arm oben stehen und bewegst diesen Arm und den Ball entgegengesetzt – also nun im Uhrzeigersinn.

Rechts wirft nach wie vor senkrecht nach oben und fängt den Ball wieder.

Video-Datei zu dieser REHORULI®-Übung findest Du kostenfrei zum Abruf im Web bei www.Online-Akademie-Jonglieren.de

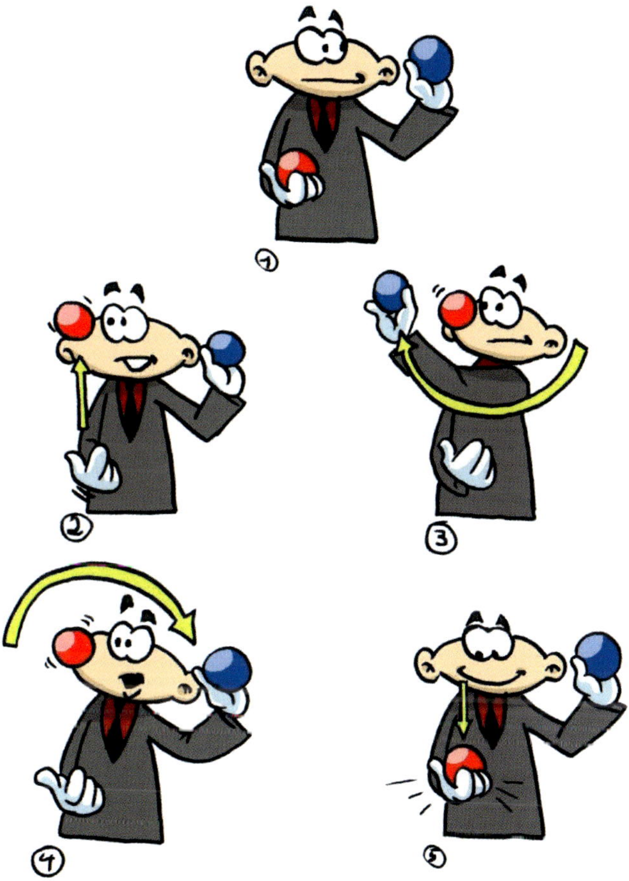

REHORULI®-Übung **31**

Wer Probleme auf sich zukommen lässt, hat mehr davon.
Günter Bauer

Wenn Du diese Übung beherrschst, und alle anderen Übungen zuvor auch (!) – dann bist Du kurz vor dem Ziel und kannst anfangen, mit drei Bällen zu arbeiten. Doch vor-her musst Du diese Übung rechts wie links beherrschen. Diese Übung ist die zwingende Voraussetzung für drei Bäl-le. Wenn die Übung nicht sitzt – dann wird auch das Abwer-fen und Fangen mit drei Bällen nicht funktionieren. Also prüfe noch einmal, ob Du wirklich alle REHORULI®-Übungen (01-30) nicht nur versucht hast, sondern auch alle Übungen richtig umsetzen konntest. Die Reihenfolge ist dabei nicht so wichtig. Nur alle Übungen muss der Körper mehrmals „durchlaufen" bzw. „erlebt" haben.
Achtung: Erstmals musst Du bei dieser Übung beide Bälle werfen, zudem nacheinander und zusätzlich über Kreuz. Auge und Hirn haben „viel zu verarbeiten"!

Beide Unterarme sind leicht nach vorn gestreckt – Ellenbogen bleiben auf Körperhöhe.

Die rechte Hand wirft den Ball zur Mitte nach oben (max. Augenhöhe).

Wenn der geworfene Ball den höchsten Punkt erreicht hat, wirft nun die linke Hand den Ball unter den anderen Ball zur Mitte hoch.

Der Ball, der mit rechts geworfen wurde, wird nun links gefangen.

Der Ball, der mit links geworfen wurde, wird nun rechts gefangen.

Beide Bälle werden nacheinander (nicht zusammen) hoch geworfen
Falls Du Dich dabei ertappst, dass Du den ersten Ball hoch wirfst und den zweiten Ball in die andere Hand übergibst – dann ist das für die ersten Male ziemlich normal. Für Auge und Körper geschehen verwirrende Dinge – deshalb wird nach Abkürzungen gesucht, um den innerlichen Stress abzubauen. Denk' dran: beide Bälle müssen direkt aus der Hand nach oben geworfen werden – beide Bälle sollten Augenhöhe erreichen. Nacheinander!

Der zweite Ball wird NICHT flach zur anderen Seite geworfen (oder übergeben) – sondern zur Mitte (Richtung Nase) HOCH geworfen ... unter dem anderen Ball hindurch.
Auch, wenn es noch so verlockend ist und vermeintlich mehr Sicherheit bietet – die Bälle werden immer zur Mitte (in Richtung „Nase"!) nach oben geworfen – immer unter dem jeweils anderen Ball hindurch.

!!! Die REHORULI®-Übung 31 gelingt in den seltensten Fällen auf Anhieb!!!
Diese Übung ist die schwierigste Übung für alle Anfänger. Es ist also völlig normal, wenn Du Dich schwer mit dieser REHORULI®-Übung „anfreunden" kannst. Deshalb hier ein Tipp, wie man diese Übung mental vorbereiten kann.

Tipp: Erst einmal nur die Armbewegungen – ohne das Abwerfen der Bälle!

1) Lasse beide Arme fallen – beide Arme hängen nach unten... jeweils ein Ball in der Hand.
2) Eine Hand (Deine schwächere Hand) führst Du mit Ball zum Bauchnabel. Die Hand ist dabei geöffnet (der Ball zeigt nach oben).
3) Von dort aus führst Du die Hand zur Nase.
4) Bevor Du diesen Arm nach außen streckst bzw. weiterführst (rechte Hand = rechts außen / linke Hand = links außen), ...

REHORULI®-Übung **32**

Auch aus Steinen, die dir in den Weg gelegt werden, kannst du etwas Schönes bauen. Erich Kästner

Versuche die REHORULI®-Übung 31 nun flüssiger und in direktem Wechsel links und rechts abwerfend. Für diese Übung hilft es sehr, verschieden farbige Bälle zu nehmen.

Das Abwerfen des Balles mit der linken Hand – ist der erste Abwurf. Das Abwerfen des anderen Balles mit der rechten Hand – ist der zweite Abwurf. - Nun versuche es genau anders herum! Mit der rechten Hand den ersten Abwurf und mit der linken Hand den zweiten Abwurf.

Es hilft auch, wenn Du dabei laut „1“ und „2“ zählst. „1“, „2“, „1“,“2“ usw. – Bei „1“ hast Du immer den gleichen Ball in der Hand, genauso bei „2“.
„1“ steht für den ersten Abwurf und „2“ für den zweiten Abwurf. Zähle laut bei jedem Abwurf „1“ und „2“. Unterschiedliche Farben der beiden Bälle sind für diese Übung überaus hilfreich! Jede Ballfarbe hat immer die gleiche Abwurf-Zahl. Abwechselnd wird so einmal die linke Hand zuerst abwerfen und danach wird die rechte den ersten Abwurf ausführen.

Wenn Du nicht verschiedenartige Bälle hast, dann zählst bzw. sagst Du kurz vor den Abwürfen laut:

Links (1. Abwurf) – Rechts (2. Abwurf) –
Rechts (1. Abwurf) – Links (2. Abwurf)
usw.
Links (1. Abwurf) – Rechts (2. Abwurf) -
Rechts (1. Abwurf) – Links (2. Abwurf)

Beide Unterarme sind leicht nach vorn gestreckt – Ellbogen bleiben locker am Körper.

Die linke Hand wirft den Ball zur Mitte nach oben.

Wenn der Ball den höchsten Punkt oben (Augenhöhe!) erreicht hat, wirft nun die rechte Hand den anderen Ball unter den obigen Ball zur Mitte hoch.

Der Ball, der mit links geworfen wurde, wird nun rechts gefangen. Der Ball, der mit rechts geworfen wurde, wird nun links gefangen.

Achte bitte darauf: beide Bälle müssen direkt aus der Hand nach oben geworfen werden (Richtung „Nase“) – beide Bälle sollten max. Augenhöhe erreichen. Nacheinander!

Es wird nicht zur anderen Seite geworfen – sondern zur Mitte hoch! Umso fließender, einfacher Dir diese Übung gelingt, desto einfacher, besser wirst Du die folgende Übung – mit drei Bällen – lernen können.

Video-Datei zu dieser REHORULI®-Übung findest Du kostenfrei zum Abruf im Web bei www.Online-Akademie-Jonglieren.de

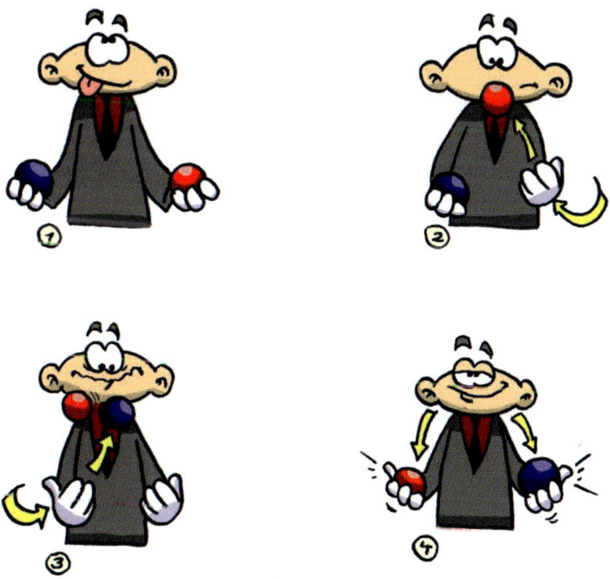

REHORULI®-Übung **33**

Probleme sind die Pole, zwischen denen sich die fürs Leben nötige Spannung erzeugt. Max Mell

Nun ist es soweit – nun kannst Du den dritten Ball dazu nehmen. Bevor Du aber anfängst, hilft es vielleicht, wenn Du einige der Übungen von 1 bis 30 kurz wiederholst, um selbst zu sehen und zu spüren - wie sicher Du in den ein-zelnen Übungen bist.

Nimm' zwei Bälle in die linke Hand und einen in die rechte Hand. Es geht auch mit zwei Bällen rechts und einem Ball links. Das musst Du selbst herausfinden, was Dir besser liegt. Früher oder später kannst Du sowohl links als auch rechts beginnen. Entscheidend ist, dass der erste Abwurf aus der Hand erfolgt, in dem Du zwei Bälle hast!

Die Beine sind ein wenig gespreizt – etwa in Schulterbreite. Du hast einen lockeren Stand und atmest ruhig.

Die ersten beiden Abwürfe und das Fangen funktionieren exakt genauso wie bei der REHORULI®-Übung 31 und 32. Nur versuchen wir nun drei Abwürfe und dreimal Fangen...

Der erste Abwurf erfolgt immer aus der Hand, die zwei Bälle hat.
Immer, wenn der geworfene Ball den höchsten Punkt erreicht hat, wirfst Du den anderen Ball zur Mitte hoch und fängst den anderen Ball.

Wenn es nicht gleich auf Anhieb funktioniert – ist das eher normal
...und keinesfalls besorgniserregend! Es könnte u.U. helfen – alle drei Bälle im richtigen Zeitpunkt zu werfen – aber nicht zu fangen. Im Ernst – kein Witz: wenn Dir diese Schluss-

übung größere Schwierigkeiten bereitet, dann ver-suche im richtigen Zeitpunkt, im richtigen „System“ die Bälle abzuwerfen = jeder Ball wird innen hoch in Richtung Deiner Nase geworfen – ohne zu fangen! Das hilft zumindest das System zu durchschauen (immer dann zu werfen, wenn der zuvor geworfene Ball den höchsten Punkt hat und gerade beginnt, sich zu senken). Bei dieser Zwischen-Übung werden vor allem auch alle Bälle geworfen. Viele haben bei dieser Übung das Problem, den dritten Ball loszulassen.

Wenn dreimal Werfen und Fangen gelingt, dann viermal ...

...werfen und fangen. Das ist dann der nächste – und endgültige Schritt zu dauerhaftem Erfolg. Wenn Du die Bälle viermal abwerfen und wieder fangen kannst – hast Du das „Schlimmste“ hinter Dir. Das Beste ist – Du wirst es nie wieder verlernen, wenn Dir mehrmals hintereinander vier Abwürfe gelingen. Das ist wie mit dem Fahrrad-Fahren. Dies wirst Du auch nie verlernen, weil dies ebenso eine in-tensive Körpererfahrung ist – die nicht verlernt werden kann.

Video-Datei zu dieser REHORULI®-Übung findest Du kostenfrei zum Abruf im Web bei www.Online-Akademie-Jonglieren.de

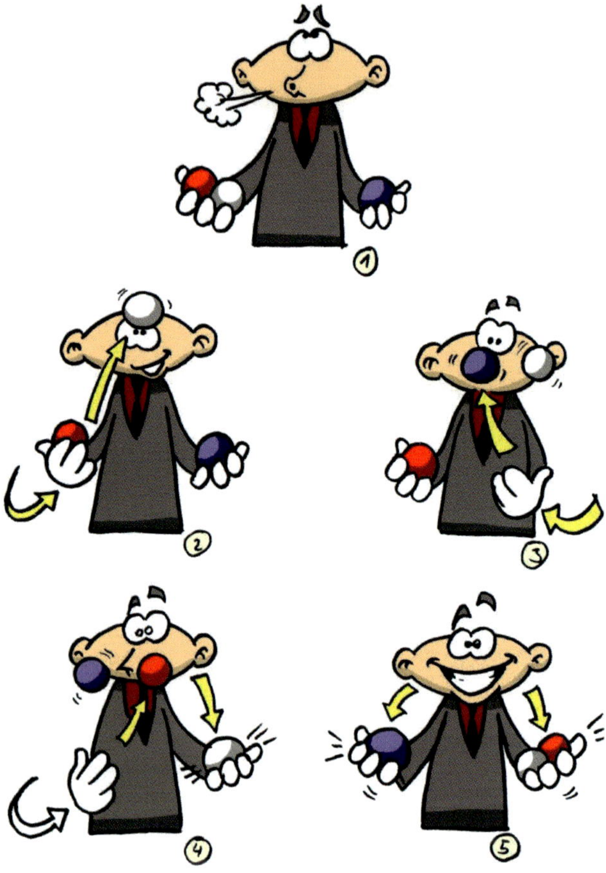

Praxis-Tipp!

Falls es Dir nicht auf Anhieb gelingen sollte – was der Normalfall wäre! – dann schreibe hier gleich in Stichworten auf, was genau nicht funktioniert. Wichtig ist, dass Du **sofort** nach 3-4 Versuchen die „Ergebnisse“ und/oder was genau nicht funktioniert, hier notierst:

____

____

____

____

____

Wenn es überhaupt nicht gelingen sollte, dann versuch' zunächst ein paar andere REHORULI®-Übungen, um neue Sicherheit zu gewinnen. Konzentrier' Dich auf das Werfen, NICHT auf das Fangen. Das (saubere, rechtzeitige) Werfen ist um ein Vielfaches wichtiger als das Fangen. Das Fangen kommt später „automatisch“ dazu. Du musst das nicht glauben – Tu's einfach! Wenn auch das nicht funktioniert, dann werfe bewusst, <u>ohne</u> zu fangen! Nur Werfen – nach-einander fallen dann die Bälle auf den Boden.
Wenn das alles nicht klappen sollte, dann kannst Du mir gerne eine eMail an info@rehoruli.de schicken mit einer Info „was genau nicht funktioniert“ – die von Dir notierten Punkte helfen dabei.
Ich muss wissen, was zuerst nicht geklappt hat!

REHORULI®-Übung **34**

Stück für Stück wirst Du lernen, die Bälle ruhiger und gleichmäßiger zu werfen und zu fangen. Achte auf fließende, runde Bewegungsabläufe.

Video-Datei zu dieser REHORULI®-Übung findest Du kostenfrei zum Abruf im Web bei www.Online-Akademie-Jonglieren.de

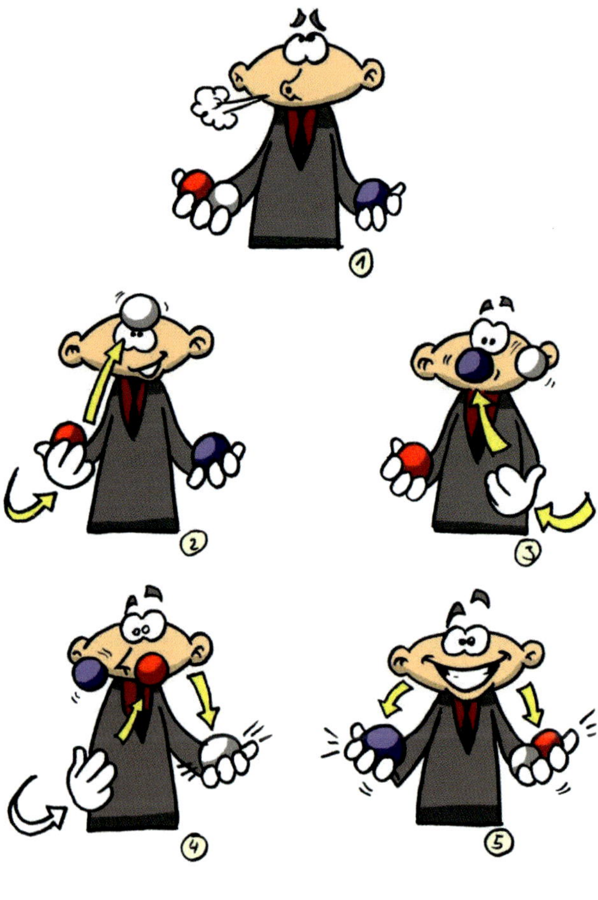

Fehler im System!?
Tipps & Tricks zum „sauberen“ Jonglieren

Wie kann man "sauberes" von „unsauberem“ Jonglieren unterscheiden? Teste Dich, wie "sauber" Du jonglierst!

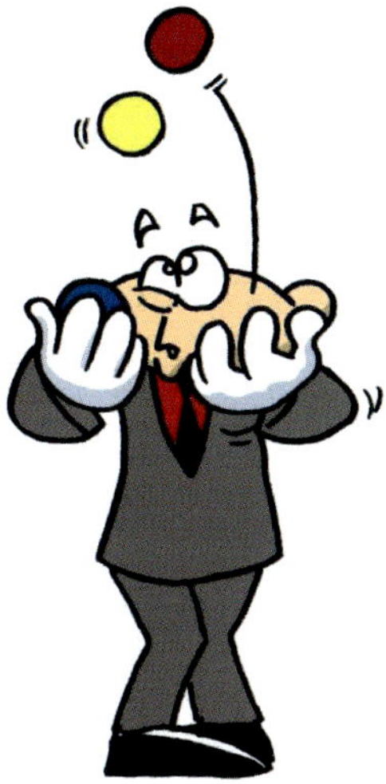

1. Arme bzw. Hände sind zu hoch
Dies passiert recht häufig. Das Thema „Sicherheit“ ist stark in uns verankert, weshalb es durchaus vorkommen kann, dass Du es gar nicht bemerkst, dass Deine Arme/Hände den Bällen beim Fangen entgegen gehen. Versuche darauf zu achten, dass Deine Arme/Hände beim Werfen UND beim Fangen UNTEN bleiben. Wenn das schwer fallen sollte, probiere leises bzw. das geräuschlose Fangen! Lese hierzu den Tipp auf Seite 24 noch einmal!

2. Probiere **11 x Abwerfen und 11 x Fangen** hintereinander... erst, wenn Du das 11-mal nacheinander fehlerlos schaffst, hast Du so etwas wie „Sicherheit“ beim Jonglieren erreicht. Danach versuche es erneut und fange nun jeden Ball leise...idealerweise lautlos!

3. Versuche **über die geworfenen Bälle hinweg** zu **sehen** bzw. einen festen Punkt im Raum zu fixieren, während die Bälle geworfen werden. Also beim Werfen/Fangen nicht mehr genau auf die Bälle achten.

4. Achte darauf, dass **keiner der geworfenen Bälle über Augenhöhe** geworfen wird. Alle Würfe dürfen max. die Höhe der Augen/Stirn erreichen - keinesfalls höher.

5. Beim Abwurf ist darauf zu achten, dass der Ball unten abgeworfen wird (Arm/Hand ist unten). Ideal ist es, wenn der Ball unterhalb des Bauchnabels abgeworfen wird bzw. der Ball dann die Hand-Innenfläche verlässt.

6. Wenn der Ball zu hoch fliegt

Das Hauptproblem des "Zu Hoch-Werfens" ist, dass nur wenige es merken, dass die Bälle "zu hoch" geworfen werden. Tipp: Jongliere vor einem Spiegel oder lass eine

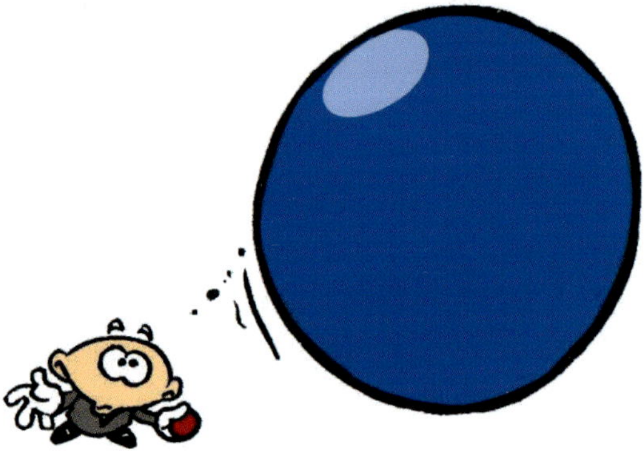

zweite Person „überprüfen", ob Deine Würfe max. Augenhöhe erreichen. Wenn die Bälle noch immer „zu hoch" fliegen, dann blicke stur geradeaus und stell' Dir - vor Dienem geistigen Auge – vor, wie die Bälle vor Deinen Augen „stehen bleiben" bzw. genau diese Höhe erreichen. Halte den Blick stur „geradeaus", auch dann, wenn die Bälle über Augenhöhe fliegen.

7. Ich kann den dritten Ball nicht „loslassen“

Wenn Du alle 2-Ball-Übungen gut absolviert hast, nun aber mit drei Bällen Probleme hast – dann ist das normal. So kommt es recht häufig vor, dass es nicht gelingen will, den dritten Ball abzuwerfen.

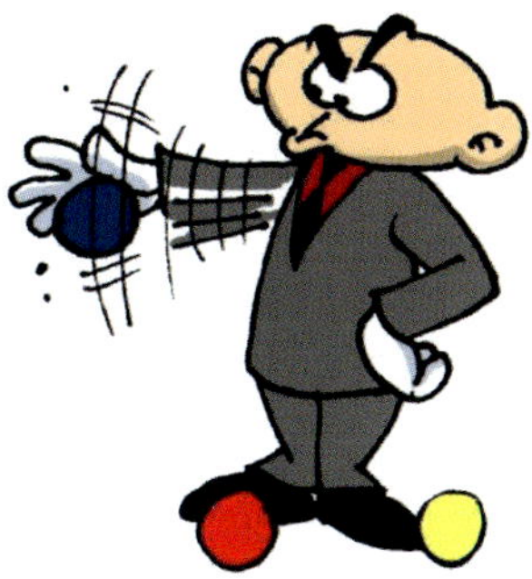

Tipp: Versuche bewusst, nicht zu fangen! Du wirfst alle drei Bälle – im richtigen Tempo – ab und lässt nach dem Werfen alle Bälle fallen. Werfen ist wichtiger als Fangen. Viel wichtiger! Dein Körper lernt/ speichert diesen Bewegungsablauf des Werfens. Beim Werfen achte unbedingt darauf, dass jeder Wurf von außen nach innen zur Mitte (Richtung Nase!) erfolgt. Vier bis fünf Durchgänge ohne Fangen – dann gleich danach wieder mit Fangen. In jedem Fall sollten jetzt drei Abwürfe kein Problem sein.

8. Ich kann beim Jonglieren nicht stehen bleiben

Auch hier kann früheres Werfen helfen. Wirf' früher ab, als Du es gewohnt bist! Versuche, bei jedem Wurf Deine Nase zu treffen, d.h. von unten zur Mitte hoch werfen!

Noch ein Tipp: Stell' Dich vor eine Wand, ein Sofa oder ein Bett – so kannst Du zuverlässig das Laufen unterbinden.

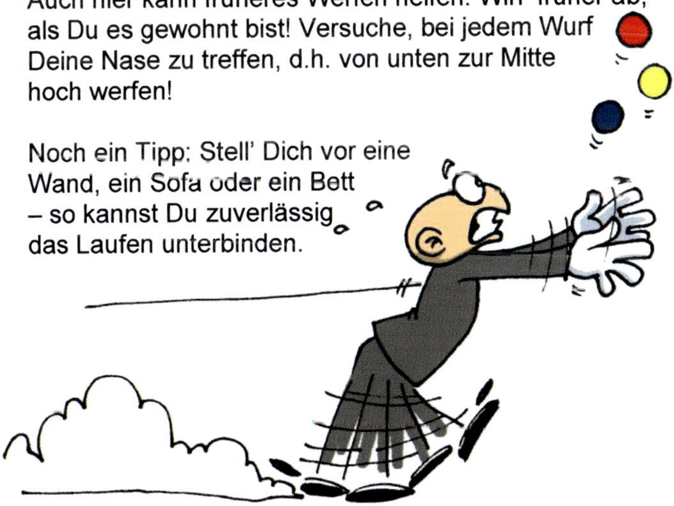

9. Mir fliegt mind. ein Ball zu weit weg oder nach vorn

Das „Zu-weit-nach-vorn-Werfen“ ist auch relativ häufig und hat auch mit dem bei jedem Menschen stark veran-kerten „Sicherheitsbedürf-nis“ zu tun. In den meisten Fällen des „Zu-weit-nach-vorn-Werfens“ wird der Ball zu spät abgeworfen!

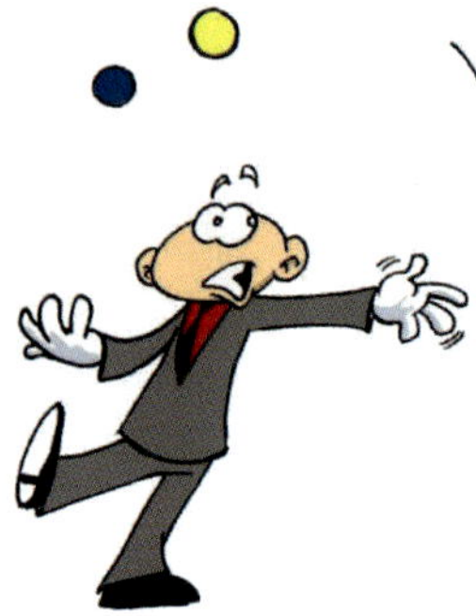

Zunächst einmal ist das rechtzeitige Abwerfen wichtig. Wirf' einfach die Bälle einen Tick früher als Du es bisher gewohnt bist. Achte auch darauf, dass Deine Hände nie über die Höhe des Bauchnabels hinausgehen. Beim Werfen und vor allem beim Fangen.

Wenn „früher“ abwerfen und „Hände unten“ nicht so funktionieren, dann versuche als nächstes Deine Ellbogen am Körper zu lassen. Egal wie die Bälle geworfen werden, Deine Ellbogen machen keine Vorwärts-Bewegung (!) bei dem Fangen, sondern bleiben locker neben Deinem Körper. Der Ellbogen darf dabei nicht an die Rippen „gepresst“ werden.

10. Leises Fangen!

Umso weniger man das Fangen hört, desto sicherer und sauberer ist die Jonglage.

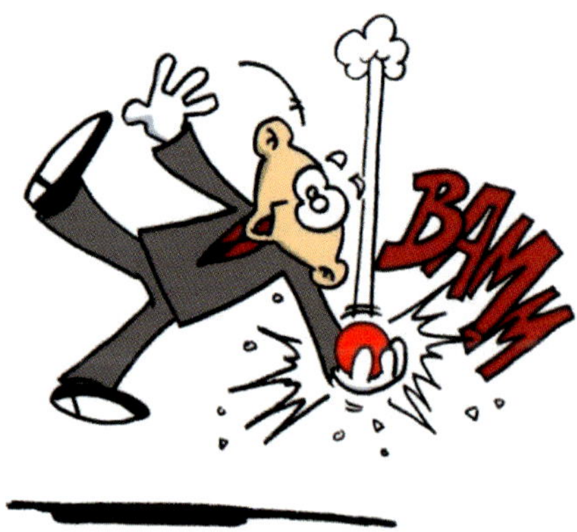

Regeln für „sauberes“ Jonglieren?

Behandle die Menschen so, als wären sie, was sie sein sollten, und du hilfst ihnen zu werden, was sie sein können.
Johann Wolfgang von Goethe

Hinweise für (Profi) Jongleure

Kritiker meinen, dass es beim Jonglieren kein "zu hoch", "zu weit" geben darf, weil es eine freie, individuelle Kunst ist. Das ist richtig! Jonglieren ist und bleibt eine "freie Kunst" und sollte so wenig wie möglich reglementiert werden. Jeder kann auf seine Art Jonglieren lernen: allein, mit Hilfe anderer, mit oder ohne "Lernsystem". Auch das Jonglieren mit drei Bällen kann man "irgendwie" ausüben. Ich möchte auch nicht ausschließen, dass es irgendwo auf der Welt ein besseres Lernsystem für das Jonglieren-Lernen gibt. Ein System, bei dem man noch bequemer, noch unkomplizier-ter und/oder noch schneller das Jonglieren mit drei Bällen lernen kann.

Das Jonglier-Lernsystem REHORULI® ist dennoch ein Lern**system** und Lernsysteme haben Regeln. REHORULI® ist speziell für Ungeübte - also absolute Anfänger – ent-wickelt worden. Innerhalb dieses Lernsystems werden ge-wisse "Regeln" aufgestellt, um

a) Ungeübten klare Orientierungshilfen zu geben,
b) den Lernprozess zu vereinfachen und
c) um schnell für Erfolgserlebnisse zu sorgen.

Beispiel: REHORULI® definiert als "richtige" Wurf-Höhe jeden Wurf "maximal in Augenhöhe" zu werfen. Für "saube-res" Fangen ist das "Fanggeräusch" der REHORULI®-Maß-stab. Lautloses Fangen und jeder Wurf in Augenhöhe ist – entsprechend dem REHORULI®-Lernsystem - die perfekte Jonglage ... wohlgemerkt: für Anfänger!

Mit den Wurf- und Fangübungen von REHORULI® werden beste Grundlagen für das Jonglieren mit 3 Bällen gelegt, die dann später auch alle individuellen Ausprägungen und Feinheiten für variantenreiches Werfen und Fangen ermöglichen.

Dieses Buch ist also für Anfänger (Absolute Beginners) geschrieben, nicht für Fortgeschrittene. Die bisherigen Praxiserfahrungen mit REHORULI® haben gezeigt, dass gewisse "Richtlinien" für Anfänger besonders hilfreich sind.

Kurzum: Jonglieren ist eine Kunst und individuell ausführbar - nahezu in grenzenlosen Mustern und Variationen!

Der dritte und der vierte Abwurf

Das Werfen und Fangen mit 3 Bällen ist eine echte Herausforderung. Es ist üblich, dass der dritte Ball bzw. der dritte Abwurf Probleme macht. Das ist weder eine Frage des Alters noch eine Frage der Persönlichkeit. Es ist schlichtweg normal. Aber es gibt Tricks, um das Problem zu beheben.

Der dritte Abwurf

Der Ursprung jeder Jonglage liegt im Wurf

Das Wichtigste beim Jonglieren ist das Werfen! Es ist das Erste, was beim Jonglieren passiert und bleibt während der Jonglage immer das Wichtigste. Es ist aber auch das mit dem größten Risiko... gaukelt uns das Gehirn vor.

Das "Schlimme" beim Werfen ist nicht der Wurf, sondern dass was danach empfunden wird. Es ist die leere Hand und die damit direkt spür- und erlebbare Unsicherheit, die mehr oder weniger unsere Botenstoffe im Gehirn durchei-nander wirbeln.

Ein Ball in der Hand gibt Sicherheit... diese Sicherheit ge-ben wir mit dem Wurf auf. Verantwortlich für die erlebte Un-ruhe ist unser Stammhirn. Der bewusste Wille des Wurfs kämpft mit dem unbewuss-ten Risiko-Erlebnis "werde ich den Ball mit der anderen Hand fangen?" Das tatsächlich In-teressante daran ist, dass die rechte Gehirnhälfte für die linke Hand zuständig ist und die linke Gehirnhälfte die rech-te Hand steuert. Die Gehirn-Zuständigkeit wandert während des Wurfes von der einen auf die andere Gehirnhälfte. Die-ser Konflikt bzw. die Übergabe und Zeitpunkt des "Gehirn-Zuständigkeitswechsels" macht die Sache schwierig, aber sie ist machbar bzw. trainierbar. Der eine braucht mehr, der andere weniger Wurf- und Fangversuche.

Tipp 1) Zählen Sie die Würfe

Wenn Sie die Abwürfe mitzählen, bekommt Ihr Gehirn ein klares Kommando für Aktivität. Sie zählen also EINS, ZWEI, DREI. Wichtig ist, dass die Zahl der Wurf ist! Also nicht zählen und dann werfen, sondern zeitgleich mit dem Sprechen müssen Sie wer-fen! Und egal ob Ball 1 oder Ball 2 herunterfällt, die gesproch-ene Zahl DREI muss geworfen werden!! Jonglieren klappt nur dann, wenn (rechtzeitig) geworfen wird.

Tipp 2) Werfen Sie nur, ohne zu fangen!

Die alleinige Konzentration auf den Wurf ist eine hervorragende Methode das saubere Werfen zu lernen. Konkret: machen Sie wirklich nur die Würfe und konzentrieren Sie sich nur darauf, dass jeder Ball Richtung Nasenspitze ge-worfen wird, maximal Augenhöhe ... und fangen Sie NICHT. Ja, sie sol-len die Bälle bewusst nicht fangen!

<u>Vorteile:</u>

Sie konzentrieren sich bei allen drei Bällen nur auf den Wurf und sind vom Fangen "befreit". Zumindest wird es eine befreiende Wirkung auf ihr Gehirn haben. Das Werfen wird dadurch entspannter, sicherer und besser.

Die Überkreuz-Situation im Gehirn, d.h. Links werfen und Rechts fangen - und BEVOR Rechts gefangen wird, den anderen Ball noch abwerfen - wird komplett vermieden!

Wenn Sie die Bälle nur fangen und gut werfen, können Sie Ihren Wurferfolg sogar sofort überprüfen. Die Lage der Bälle wird Ihnen verraten, ob Sie gut geworfen haben oder nicht... wenn Sie sog. Beanbags benutzen, also weiche Bälle, die nicht springen und gleich liegen bleiben.

Wenn alle drei Bälle in einer Reihe nebeneinander vor Ihren Füßen liegen (Max. 20cm Abstand von der Fußspitze), dann sind das gute Würfe, die sie auch fangen könnten.

Meistens ist es so, dass einer der Bälle etwas weiter vom Fuß weg liegt. Dieser Wurf wird/kann dann i.d.R. auch nicht gefangen werden.

Sie brauchen u. U. mehrere Versuche, bis ALLE Bälle NEBEN-EINANDER in einer REIHE liegen. Die vielen Versuche lohnen sich aber... jeder Versuch hilft dem sauberen Werfen. Garantiert. Umso näher die Bälle vor Ihren Füßen liegen bleiben, desto besser sind die Würfe.
Meistens ist es so, dass einer der Bälle etwas weiter vom Fuß weg liegt. Dieser Wurf wird/kann dann i.d.R. auch nicht gefangen werden.
Sollte Ihnen ein oder mehrere Bälle auf die Füße fallen, dann ist das nicht falsch sondern sehr gut! Ungefähr dort muss bzw. werden die Bälle landen, wenn Sie richtig werden. Bälle auf dem Fuß heißt also, Sie sind auf dem richtigen Weg!

Der Zeitpunkt des Abwurfs

Wenn Sie das Werfen ohne Fangen trainiert haben, und alle Bälle ne-beneinander in einer Reihe liegen, dann achten Sie bitte auf den Zeit-punkt Ihrer Würfe. Wenn Sie das "Plopp" des fallenden Balles hören, bevor Sie den nächsten Ball werfen, dann ist es für den Ab-wurf zu spät.

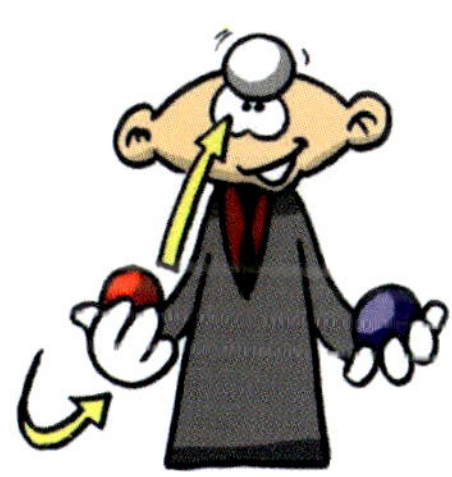

Der ideale (!) Zeitpunkt des Abwurfes des 2.Balles ist es, wenn Ball 1 den höchsten Punkt hat. Ball 3 werfen Sie, wenn Ball 2 den höchsten Punkt erreicht hat. Also immer wenn der Ball oben ist, dann muss der nächste Ball (von unten) geworfen werden.
Der erste Ball ist nie ein Problem und wird meistens richtig geworfen, weil kein Zeitpunkt abgewartet werden muss. Erst ab dem 2. Abwurf beginnen die Probleme. Wenn der geworfene Ball über den höchsten Punkt hinaus ist - und zu fallen beginnt - ist es für das Werfen des nächsten Balles schon zu spät.

Tipp 3) Achten Sie auf Ihre Wurfhand

dass sie

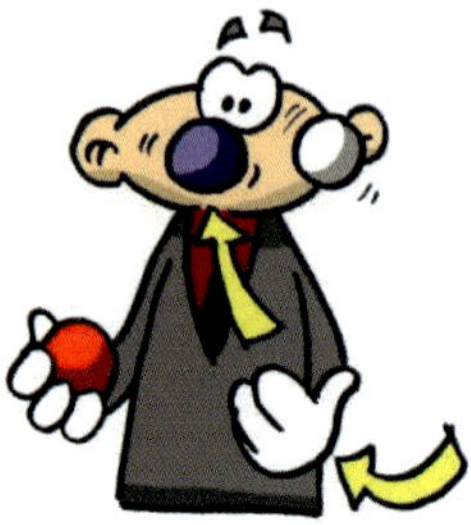

a) beim Ausholen unten ist (Arm ist fast gestreckt)

b) beim Wurf (Zeitpunkt, wenn der Ball die Hand verlässt) die Hand nicht über Höhe des Bauchnabels hinaus geht, sondern dort spätestens der Ball die Hand verlässt.

Tipp 4) Achten Sie auf Ihre Ellenbogen

Die Ellbögen sind beim Werfen und Fangen neben dem Körper. Immer neben der Hüfte! Wenn Sie einen Arm beim Fangen nach vorne bewegen, so dass der Ellbogen den Hüftbereich verlassen muss und vor den Körper bewegt wird, war der vorherige Wurf nicht richtig bzw. zu weit nach vorn geworfen.

Tipp 5) Wurf- und Fang-Übungen mit 2 Bällen

Wiederholen Sie die in diesem Buch beschriebenen Wurf- und Fangübungen des REHORULI®-Lernprogramms, die den dritten Abwurf unterstützen.

Übung 14 Seite **62**
Übung 15 Seite **64**
Übung 16 Seite **66**
Übung 31 Seite **98**
Übung 32 Seite **102**

Der vierte Abwurf

Ähnlich wie beim dritten Abwurf ist der vierte Abwurf eine echte Hürde. Die gute Nachricht ist: Wenn man den vierten Abwurf geschafft hat, wird alles viel viel leichter und der fünfte, sechste Abwurf folgen recht schnell nach. Die schlechte Nachricht ist: Der vierte Abwurf kann bzw. wird mindestens genauso viel Mühe machen, wie der dritte Abwurf.

Das Gehirn bietet zuerst das an, was es kennt.

In den meisten Fällen benötigt man sehr viele Versuche, um 3 Abwürfe zu schaffen. Wenn man es das erste Mal geschafft hat, will man dieses Erfolgs-Gefühl wieder haben und versucht es noch einige Male, bis 3 Bälle einigermaßen sicher nachei-nander geworfen und gefangen werden können. Das ist auch gut und richtig so. Die vielen Versuche mit 3 Abwürfen sorgen allerdings mit dafür, dass der vierte Wurf schwer fällt. Durch das viele Wiederholen der 3 Abwürfe fällt es dem Gehirn schwer, zu den bisher gewohnten 3 Abwürfen noch einen wei-teren Abwurf zusätzlich zu machen.

Hier einige Tipps, die Sie beim 4. Abwurf unterstützen werden.

Tipp 1) Zählen Sie die vier Abwürfe laut mit

Nehmen Sie sich 4 Abwürfe vor, und zählen Sie alle Würfe laut mit. Also denken Sie sich nicht nur die Zahlen, sondern sprechen Sie diese laut mit. Das laute Sprechen ist ein konkretes Kommando für Ihr Gehirn, dass jeden Wurf ausüben wird ... wenn Sie alle vier Zahlen auch laut aussprechen. Wichtig ist im ersten Schritt, dass bei der Zahl vier auch der Wurf aus der Hand geht. Es geht (noch) nicht darum, den 3. oder 4. Wurf auch zu fangen. Der Ball (4.Abwurf) soll zunächst wirklich nur die Hand verlassen.

Tipp 2) Sie konzentrieren sich nur auf die Abwürfe - nicht auf das Fangen

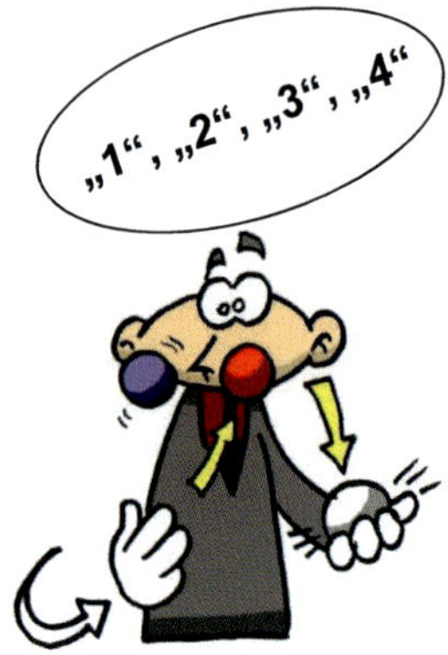

Sie zählen also wieder laut "1,2,3,4" - werfen aber nur die Bälle - komplett ohne Fangen! Den 4. Wurf üben Sie aus, obwohl kein Ball in der Hand ist.

Oder Sie zählen rechts-links-rechts-LINKS ... wenn Sie 2 Bälle in der rechten Hand haben. Wenn Sie mit 2 Bällen in der lin-ken Hand starten, zählen Sie links-rechts-links-RECHTS.

Tipp 3) Der Zeitpunkt des Werfens

Grundsätzlich werfen Sie idealerweise die Bälle immer dann nach oben ab, wenn der Ball zuvor den höchsten Punkt erreicht hat. Anders ausgedrückt:

Oben sehen = unten werfen

Immer wenn Sie einen Ball oben sehen bzw. dieser den höch-sten Punkt erreicht hat, dann ist dies der perfekte Zeitpunkt für den Abwurf. dann müssen Sie spätestens abwerfen.

Tipp 4)
Der 1. Ball wird der 4. Abwurf auf der anderen Seite

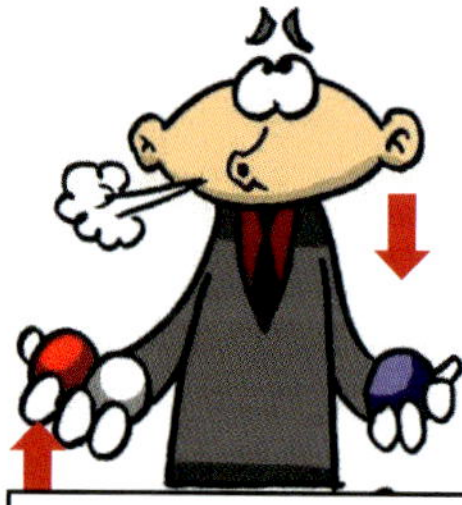

Wurf Nr. 1 (rechts) wird Wurf Nr. 4

Ein weiterer Tipp, der den 4. Abwurf erleichtert, ist das Beobachten des ersten Balles. Idealerweise haben Sie 3 Bälle in drei unterschiedlichen Farben.

Beispiel: den Ball, den Sie zuerst abwerfen, ist bspw. Rot (siehe Abbildung rechts) und in der rechten Hand. Diesen roten Ball beobachten Sie .,. zählen und werfen weiter 2, 3, und 4 .... und der vierte Abwurf ist wieder der rote Ball ... auf der anderen Seite (links).

Mögliche Fehlerquellen:

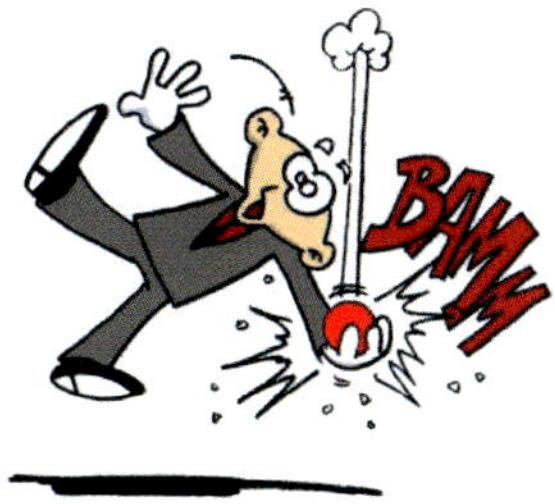

Würfe auf Augenhöhe

Achten Sie darauf, dass jeder Wurf maximal (!) Augenhöhe hat und NICHT über die Stirnhöhe hinausgeht. Viele glauben, dass man bei höheren Würfen mehr Zeit hat, was rechnerisch richtig ist, aber fatale Folgen hat:

1) Wenn Sie höher als Augenhöhe werfen, werden bzw. müssen Sie den Ball auch mit den Augen verfolgen ... und sehen deswegen (zu hoch) aber die Bälle unten nicht mehr. Mindestens ein Ball ist immer weg (aus dem Blickfeld) und das löst Stress aus.

2) Umso höher Sie werfen, desto schneller kommt der Ball zurück und das Fangen wird schwieriger.

Wenn Sie jeden Ball auf Augenhöhe werfen, haben Sie immer alle Bälle im Blick und sehen alles.

Zu spätes Abwerfen

Nicht selten werden die Bälle zu spät abgeworfen. Die Abwürfe sind immer dann zu spät, wenn der Ball zuvor bereits seinen höchsten Punkt erreicht hatte und bereits zu fallen beginnt. Der richtige Zeitpunkt für den Abwurf ist also dann, wenn der zuvor abgeworfene Ball den höchsten Punkt erreicht hat.

Ellenbogen bleiben beim Werfen und Fangen am Körper

Achten Sie darauf, dass insbesondere beim Fangen ihr Arm KEINE Vorwärtsbewegung macht. Sowohl beim Abwurf als auch beim Fangen dürfen die Ellenbogen nicht vor dem Bauch sein. Die Ellenbogen liegen immer am Körper an ... ganz locker – nicht pressen!

Hände sind beim Werfen und Fangen IMMER unten

Wichtig beim Abwurf und auch beim Fangen ist es, dass die Hände unten bleiben. Unten bedeutet, dass ihr Unterarm zum Oberarm einen rechten Winkel bildet.

Auf die Jonglier-Linie achten

Jeder Wurf der drei Bälle erfolgt auf einer Linie, d.h. nebeneinander und nicht hintereinander. Wenn Sie stehen und nach unten auf Ihre Füße sehen, dann stellen Sie sich bitte 15 bis max 20cm vor Ihren Füßen jeweils einen Punkt vor. Diese beiden Punkte verbinden Sie mit einer gedachten Linie. Auf dieser Linie werden die Bälle geworfen und gefangen.

Warum Jonglieren auch nach innen wirkt

Es ist kein Geheimnis, dass wir Menschen Dinge, die von außen auf uns wirken, mehr beachten, als die Dinge, die uns innen bewegen. Genau genommen sind unsere Blickwinkel ganz schön eingeschränkt. Denn wir sind es mittlerweile gewohnt, unsere Wahrnehmung auf Negatives zu richten. Das ist nicht besonders schwer bzw. müssen wir uns darüber keine echten Sorgen machen. Denn alles, was nicht funktioniert, was kaputt, krank oder anders ist, fällt automatisch auf. Da können wir kaum etwas dagegen unternehmen. Tagein tagaus sind wir Äußerlichkeiten ausgesetzt - das können wir nicht verhindern. Allerdings wirkt die starke Fixierung auf das Äußere, auf das Sichtbare, Greifbare, Messbare negativ auf unsere Wahrnehmungsfähigkeiten. Schleichend, unbemerkt, aber wirksam.
Es bleibt zu wenig Zeit, sich Zeit für sich selbst zu nehmen, um mal nach "innen" zu horchen... ist eine von vielen Antworten, die ich höre und kenne.

Beim Jonglieren-Lernen sind die Äußerlichkeiten zusammen mit der (Fehl-) Einschätzung bzw. Unterschätzung der eigenen Fähigkeiten - auch die häufigsten Gründe, warum viele „Nein“ sagen", ...das kann ich nicht!" bzw. vor dem Jonglieren-Lernen spontan aber "überzeugt" zurückschrecken.

Der Schlüssel für den erfolgreichen Umgang mit Veränderungen ist die Erweiterung der eigenen Wahrnehmung. Genau das passiert beim Jonglieren-Lernen! Du wirst Deine eigene Wahrnehmung erweitern und viel dazu lernen. Du wirst ungewohnte Bewegungsabläufe kennen lernen und genau beobachten und spüren können, wie stark oder gering der Widerstand „innerlich“ sein wird. All das wird Deine Wahrnehmung stärken. Mit jeder Übung – sogar mit jeder misslungenen Ausführung einer REHORULI®-Übung.

Jonglieren mit (Un-)Sicherheit und Veränderung

Jonglieren ist eine sehr einfache und persönliche Form, sich mit Situationen der Veränderung und der daraus resultierenden Unsicherheit intensiv zu beschäftigen. Wer sich intensiv selbst mit Veränderungen und Unsicherheit beschäftigt hat, entdeckt eine Menge Ressourcen, die helfen, auch im Unternehmen Veränderungen erfolg-reich zu steuern. Beim Jonglieren-Lernen werden (unbe-wusst) folgende Fragen berüht:

- Was gibt mir Sicherheit?
- Wie viel Sicherheit brauche ich?
- Inwieweit kann ich loslassen, wenn die Dinge nicht nach Plan laufen?
- Wie komme ich mit Situationen und Wandel zurecht,die sich als nicht planbar erweisen?
- Wie stark bedeutet Veränderung Sicherheitsverlust?
- Was passiert, wenn ich Veränderung, die ich erforderlich finde, nicht mehr im Griff habe?
- Wie gehe ich mit dem Unsicherheitsgefühl um, dassdas Jonglieren-Lernen immer auslöst?
- Wie stark lasse ich Fehler zu, wenn Jonglieren-Lernennicht auf Anhieb gelingt?
- Selbst wenn ich das erste Mal drei Bälle geworfen und gefangen habe, bleibt ein ordentlicher Rest von Unsicherheit, der maximale Aufmerksamkeit erfordert.

Wandel ist nur dann erfolgreich, wenn Führungskräfte sich zunächst auf sich selbst konzentrieren. Denn Organisationen sind nur wandlungsfähig, wenn es die Führung ist! Viele Führungskräfte haben zwar ein Bild von der geplanten Veränderung im Kopf doch nicht sel-ten kommt der Moment, in dem die Dynamik eines an-gestoßenen Prozesses ihre Vorstellungen, Kapazitäten und persönlichen Pläne sprengt:

„Da ist etwas in Gang gekommen, das mir zu entgleiten scheint." Ein Gefühl, das mitunter Unsicherheit oder Angst auslöst und nicht zuletzt auch Sorge um die eigene Position aufkommen lässt. Der in Gang gesetzte Veränderungsprozess wird folglich nicht mehr aktiv unterstützt, mitunter sogar sa-botiert. Ein Phänomen, das laut Aussagen vieler Unter-nehmensberatungen in allen Führungsebenen beobachtet werden kann. In den meisten Fällen wird Veränderung in Organisationen durch externe Umstände erzwungen und nicht selbst von Führungskräften initiiert. Mit ein Grund für Akzeptanzprobleme.

Deshalb ist es so eminent wichtig, dass Führungskräfte sich mit ihrer Haltung und Bereitschaft zur eigenen Wandlungsbereitschaft und -fähig-keit auseinandersetzen. Der Schlüssel für den erfolgreichen Umgang mit Veränderungen ist die Erweiterung der eigenen Wahrnehmung. Genau das passiert beim Jonglieren-Lernen.

Jonglieren wirkt positiv und unbewusst

Das Jonglieren-Lernen eignet sich für Führungskräfte so ausgezeichnet, weil es mehrere persönliche Aspekte berührt:

- Jonglieren fördert und fordert die Auseinandersetzung zur eigenen Fähigkeit und Bereitschaft in Veränderungssituationen.
- Beim Jonglieren muss man sich auf Neues einlassen, was man nicht kennt. Das Zutrauen an neue, ungewöhnliche Herausforderungen heranzugehen wird wachsen.
- Jonglieren verbessert die Regulation der Konzentrationsfähigkeit.
- Das Jonglieren-Lernen fördert die Lockerung fester/bestehender Bewertungsmuster.

- Das Jonglieren-Lernen fördert (unbewusst), Zusammenhänge besser/schneller zu erkennen.
- Das Jonglieren fördert kognitive und mentale Prozesse bewusster (wertneutraler) zu erleben.
- Beim Jonglieren lernen erfährt man, Unsicherheit Schritt für Schritt in Sicherheit zu verwandeln. Das Selbstvertrauen wächst.
- Während des Jonglieren-Lernens ist man Pendler zwischen bewusstem und unbewusstem Verhalten. Man hat (bewusst) eine Wurf-/Fangübung verstanden ... sie misslingt aber ...!
- Jonglieren fördert (unbewusst) das Körperbewusstsein.
- Das Jonglieren fördert/berührt die Selbstregulation/Selbsterkenntnis.
- Das Jonglieren unterstützt dabei, eigene Emotionen bewusster wahrzunehmen.
- Das Jonglieren unterstützt dabei, die Wahrnehmung zu verbessern.
- Jonglieren hilft, eigene (negative) Emotionen bewusster zu steuern/zu erleben.
- Regelmäßiges Jonglieren kann mittelfristig biochemische Prozesse verändern, die langsam auch auf die Areale im Gehirn wirken: Das Stresshormon Cortisol nimmt ab, Dopamin und Serotonin nehmem zu.
- Jonglieren wirkt auf die unbewussten, mentalen Prozesse im Gehirn. Jonglieren ist dann wirkungsvolle Meditation, wenn man sicher und gut drei Bälle jonglieren kann.

Unsere Ansichten und Überzeugungen haben sehr starke Auswirkungen auf unsere Wahrnehmung und damit natürlich auch auf die Ergebnisse die wir dann erzielen .Jonglieren stärkt (unbewusst) das Zutrauen in Dinge, die sich „blöd“ anfühlen.

Die Wandlungsfähigkeit von Führungskräften wird im Wandel zum wichtigen Prüstand

Wandel ist nur dann erfolgreich, wenn Führungskräfte sich zunächst auf sich selbst konzentrieren. Denn Organisationen sind nur wandelfähig, wenn es die Führung ist! Viele Führungskräfte haben zwar ein Bild von der geplanten Veränderung im Kopf – doch nicht selten kommt der Moment, in dem die Dynamik eines angestoßenen Prozesses ihre Vorstellungen, Kapazitäten und persönlichen Pläne sprengt: „Da ist etwas in Gang gekommen, das mir zu entgleiten scheint." Ein Gefühl, das mitunter Unsicherheit oder Angst auslöst und nicht zuletzt auch Sorge um die eigene Position aufkommen lässt. Der in Gang gesetzte Veränderungsprozess wird folglich nicht mehr aktiv unterstützt, mitunter so-gar sabotiert.

Ein Phänomen, das lt. Aussagen vieler Unternehmensberatungen in allen Führungsebenen beobachtet werden kann. In den meisten Fällen wird Veränderung in Organisa-tionen durch externe Umstände erzwungen und nicht selbst von Führungskräften initiiert. Mit ein Grund für Akzeptanzprobleme. Deshalb ist es so eminent wichtig, dass Führungskräfte sich mit ihrer **Haltung und Bereitschaft zur eigenen Wandlungsbereitschaft und –fähigkeit auseinandersetzen**. Der Schlüssel für den erfolgrei-chen Umgang mit Veränderungen ist die Erweiterung der eigenen Wahrnehmung. Genau das passiert beim Jonglieren-Lernen.

Jonglieren für Führungskräfte bzw. im Business

Nicht nur in Veränderungsprozessen ist Jonglieren ein wirksames Tool für Führungskräfte. Führung und Jonglieren beschäftigen sich mit

• Erfolg • Vertrauen • Veränderungsprozesse
• Zielsetzung • Wahrnehmung • Flexibiltät

Nachfolgend ein paar Anregungen und Hinweise, die diese These untermauern. Das Jonglieren berührt mehrere persönliche und für Führung relevante Aspekte:

- Jonglieren fördert und fordert die Auseinandersetzung zur eigenen Fähigkeit und Bereitschaft in Veränderungssituationen.
- Beim Jonglieren muss man sich auf Neues einlassen, was man nicht kennt. Das Zutrauen neue, ungewöhnliche Herausforderungen anzugehen, wird wachsen.
- Jonglieren verbessert die Regulation der Konzentrationsfähigkeit.
- Das Jonglieren-Lernen fördert die Lockerung fester/ bestehender Bewertungsmuster.
- Das Jonglieren-Lernen fördert (unbewusst), Zusammenhänge besser/schneller zu erkennen.
- Das Jonglieren fördert kognitive und mentale Prozesse bewusster (wertneutraler) zu erleben.
- Beim Jonglieren lernen erfährt man, Unsicherheit Schritt für Schritt in Sicherheit zu verwandeln. Das Selbstvertrauen wächst.
- Während des Jonglieren-Lernens ist man Pendler zwischen bewusstem und unbewusstem Verhalten. Man hat (bewusst) eine Wurf-/Fangübung verstanden ... sie misslingt aber ...!
- Jonglieren fördert (unbewusst) das Körperbewusstsein.

- Während des Jonglieren-Lernens ist man Pendler zwischen bewusstem und unbewusstem Verhalten. Man hat (bewusst) eine Wurf-/Fangübung verstanden
- Das Jonglieren fördert/berührt die Selbstregulation/ Selbsterkenntnis.
- Das Jonglieren unterstützt dabei, eigene Emotionen bewusster wahrzunehmen.
- Das Jonglieren unterstützt dabei, die Wahrnehmung zu verbessern.
- Jonglieren hilft, eigene (negative) Emotionen bewusster zu steuern/zu erleben.
- Regelmäßiges Jonglieren kann mittelfristig biochemische Prozesse verändern, die langsam auch auf die Areale im Gehirn wirken: Das Stresshormon Cortisol nimmt ab, Dopamin und Serotonin nehmem zu.
- Jonglieren wirkt auf die unbewussten, mentalen Prozesse im Gehirn.
- Jonglieren ist dann wirkungsvolle Meditation, wenn man sicher und gut drei Bälle jonglieren kann.

Unsere Ansichten und Überzeugungen haben starke Auswirkungen auf unsere Wahrnehmung und damit natürlich auch auf die Ergebnisse die wir dann erzielen. Jonglieren stärkt (unbewusst) das Zutrauen in Dinge, die sich „blöd" anfühlen. Jonglieren ist deshalb eine einfache und sehr persönliche Form, sich mit Situationen der Veränderung und der daraus resultierenden Unsicherheit intensiv zu beschäftigen. Wer sich intensiv selbst mit Veränderungen und Unsicherheit beschäftigt hat, entdeckt eine Menge Ressourcen, die helfen, auch im Unternehmen Veränderungen erfolgreich zu steuern.

Jonglieren als Chance nutzen für Change

Veränderung heißt eigentlich nur, dass etwas anders ist oder anders gemacht wird als vorher. Das bedeutet, Wan-del und Entwicklung sind zunächst einmal weder gut noch schlecht. Die Ankündigung von Veränderung wird nur häu-fig schlecht empfunden bzw. (unbewusst) negativ bewer-tet.

Um sich und andere beim Change-Prozess zu beteiligen, braucht es Mut und Überzeugung. Es braucht nicht nur die Einsicht, Entwicklung als etwas Positives anzuerkennen und als Chance wahrzunehmen. Es muss vor allem klar sein, dass nicht alles einfacher wird. Im Gegenteil, es wird nicht einfacher, es wird sogar häufig unbequem.

Nicht viele Firmenchefs haben den Mut , ihren Führungs-kräften und Mitarbeit ern zu verraten, dass Change durch-aus unbequem werden kann. Olive Bäte, Vorstandsvorsitz-ender der Allianz SE hatte diesen Mut bei seinem An-tritt 2015. Er lernte bei mir Jonglieren - und es wurde sogar mit Video aufgenommen.

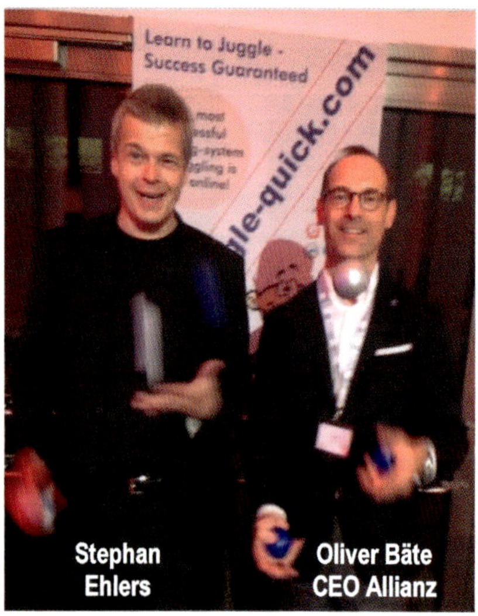

Beim Kick Off zeigte er dieses Video sei-nen Führungskräften und jeder konnte seh-en, dass beim Pro-zess des Jonglieren-Lernens genau das geschieht, was im Change-Prozess zu erwarten sein wird: man muss sich auf Neues einlassen und wird Rück-schläge er-leben. Aber es gibt auch dieses Glücks-gefühl, wenn man es gemeistert hat!

Change = Chance + J

In Change-Prozessen ist ein wesentliches Element die Wahrnehmung sowie das erkennbar machen von alten bzw. gewohnten Denkmustern. Erst wenn bisherige Denk- und Bewertungsmuster bekannt gemacht werden, kann man sie verändern. Nachfolgend ein kleiner Test und eine nette Idee einen neuen Blick auf “Change” zu werfen so-wie Freude an Veränderung zu entwickeln.

Allein an dem Wort Change lässt sich das Thema Veränderung gut bildhaft darstellen. Wenn man nur das Wort Change betrachtet, erkennt jeder, dass der Buchstabe “g” nach unten etwas länger wird als alle anderen Buchstaben. Da ist etwas anders! Mehr noch: beim Schreiben des Buchstabens “g” läuft der Stift nicht nur nach unten - über die bisherige Schreiblinie hinaus - sondern auch in die entgegengesetzte Richtung. Ein sehr klares Bild, um erklären und zeigen zu können, dass das “g” im Wort Change etwas mit Veränderung zu tun hat. Nehmen Sie nun das “J” beim “g” weg und es entsteht das neue Wort “Chance”! Veränderung ist nichts anderes als eine (neue) Chance. Das “J” steht für “Jonglieren”. Jonglieren lernen heißt u.a. Unbekanntes versuchen, Unsicherheit überwinden, Veränderung zulassen und umdenken. Nicht aufgeben. Zutrauen in Dinge gewinnen, die sich “blöd” anfühlen.

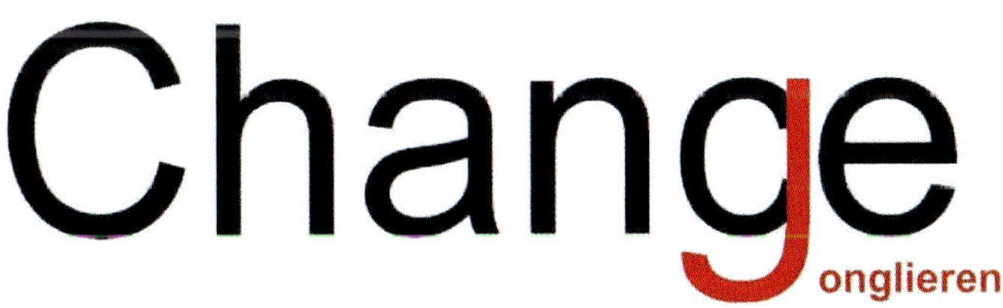

REHORULI® hat sich in der Praxis bereits bewährt

Ich weiß nicht, ob es besser wird, wenn es anders wird. Aber es muss anders werden, wenn es besser werden soll.
Georg Christoph Lichtenberg

Das Jonglier-Lernsystem REHORULI® hat sich nunmehr knapp 20 Jahren bestens in der Praxis bewährt. Sowohl in den Jonglierkursen unserer REHORULI®-Jongliertrainer, als auch bei großen Jonglier-Events, die ich regelmäßig durchführe mit meinem Team durchführe. Nachfolgend eine Übersicht an größeren Ereignissen in den letzten Jahren:

2001 - Erste öffentliche Präsentation von REHORULI® bei der Europäischen Jonglier-Convention, Rotterdam

Obwohl ich seit 1999 immer mal wieder Jonglier-Schnellkurse mit dem REHORULI®-Lernsystem durchgeführt hatte, kann die Europäische Jonglier-Convention in Rotterdam im Sommer 2001 als „Geburtsstunde“ von REHORULI® bezeichnet werden. Einmal jährlich finden solche Treffen statt – immer in einer anderen europäischen Stadt – bei denen 2.000 - 3.000 Jongleure aus allen europäischen Ländern und anderen Kontinenten sich eine Woche lang untereinander austauschen, Jongliertricks lernen und Spaß miteinander haben. (www.eja.net).
Ich habe mehrere Tage hintereinander vielen Anfängern und Profis meine Methode zeigen und erfolgreich auspro-bieren können. Dabei habe ich u.a. festgestellt, dass einige Profi-Jongleure (Dreiball-, Vierball- und Fünfball-Jongleure) mit einigen Zweiball-Variationen aus dem REHORULI®-Programm sogar Probleme bei der Ausführung hatten. In der Praxis hat sich gezeigt, dass jeder Jongleur – wie jeder Mensch - seine individuellen Ausprägungen hat. Die verschiedenen Zweiball-Übungen des REHORULI®-Jonglierlernprogramms sind recht vielseitig und machten dem einen oder anderen Profi-Jongleur zu schaffen. Die Verblüffung darüber, dass eine einfach aussehende „Zweiball-

Übung“ nicht auf Anhieb gelöst werden konnte, löste die größte Blockade aus. Auch Kombinationen und flie-ßende Verbindungen von verschiedenen „einfachen“ Wurf- und Fangübungen wurden geübt und miteinander trainiert. Als „Nebeneffekt“ kam dabei heraus, dass die REHORULI®-Übungen sich auch dafür eignen, „unsauberes“ Jonglieren zu korrigieren. Es gibt mehrere Formen des „unsauberen“ Jonglierens: entweder sind die Bälle zu hoch und/ oder die Arme – oder es wird nicht „ruhig und gleichmäßig“ jongliert (siehe „Fehler im System!? Tipps & Tricks zum „sauberen“ Jonglieren“ – ab Seite 109).

2001 - Berliner Stadtmagazin ZITTY testet REHORULI

“Idiotensicher – Jonglieren mit Erfolgsgarantie“

Auszug aus dem Testbericht (ZITTY Ausgabe 18, Aug. 2001):

Stephan Ehlers hat REHORULI® - ein spezielles und praktisch idiotensicheres Jongliersystem - entwickelt. In seinen Kursen soll jeder das Jonglieren mit drei Bällen erlernen, und das in nicht mehr als einer Stunde – mit Geld-Zurück-Garantie. Wir haben Ehlers Versprechen überprüft und seinen Kurs in einer Grünanlage in Berlin-Wedding besucht.

Die Teilnehmer, zwischen 10 und Anfang 50, beginnen zunächst mit Übungen für einen Ball. Überschaubar. Auch die nächsten zwanzig, dreißig Minuten mit dann schon zwei Bällen sind nicht allzu haarig. Während die Kugeln in immer anspruchsvolleren Bahnen fliegen, erzählt Ehlers – der auch schon Telekom-Chef Ron Sommer das Jonglieren beigebracht hat – von der Entkoppelung der linken und der rechten Hirnhälfte und empfiehlt, am besten gar nicht mehr nachzudenken. (Wir wissen nicht, ob er das auch Ron Sommer gesagt hat). Erst kurz vor Schluss kommt die dritte Kugel – knifflig, aber machbar.

Aus dem Dutzend sah allein eine Teilnehmerin die Angelegenheit als hoffnungslos an und forderte ihr Geld zurück. Der wackere Rest kam schließlich soweit, die Bälle drei, vier, fünfmal in der Luft zu halten, bevor sie dann auch wieder ziemlich weit auseinander flogen. Kein Wunder also – aber ein erster Grundstein ist gelegt. An der Haltungsnote wird dann zu Hause gefeilt. - Martin Kaluza (www.zitty.do)

2002 - Ein Amerikaner in Berlin lernt mit REHORULI® in einer Woche das Jonglieren mit rohen Eiern!

Am 5. April 2002 wurde in der Fernsehshow "Die Stunde der Wahrheit", der Alltag diverser Familien wieder auf den Kopf gestellt. Jeweils einem Erwachsenen hat Moderator Christian Clerici eine schwierige Aufgabe überbracht, die viel Geschick und Konzentration erfordert. Mit der Unterstützung der restlichen Familie und/oder pro-fessioneller Hilfe wurde dann sieben Tage lang intensiv geübt. In der Show musste das Geübte dann unter Beweis gestellt werden. Bei Erfolg werden die Herzenswünsche aller Familienmitglieder erfüllt, aber wie immer galt: Es gibt nur eine einzige Chance!
Bei Familie Johnson-Pieper aus Berlin geht es amerika-nisch zu. Das liegt natürlich an Vater Mitch (39), der aus dem Sonnenstaat Florida kommt und nicht nur seine Lebensgefährtin Martina (42), sondern auch die Töchter Janina (14) und Vanessa (8) mit seinen Hobbys Basketball und dem Besuch von Freizeitparks infiziert hat. Der sich als sehr ungeschickt bekennende Mitch ist der auserwählte Kandidat von Christian Clerici. Zwanzig Sekunden lang sollte er drei rohe Eier jonglieren müssen, ohne, dass diese zu Schaden kommen.

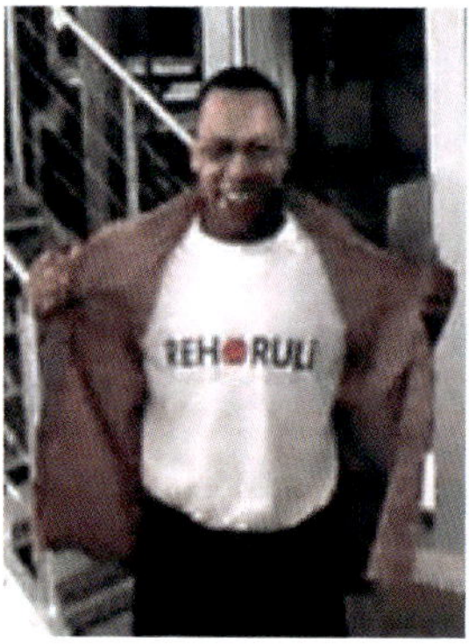

Mitch Johnson feierte nach der Sendung seinen Erfolg

Hierfür holte sich Mitch professionelle Hilfe. Beim Recherchieren im Internet entdeckte er „REHO-RULI – das Jonglier-Lernsystem mit Erfolgsgarantie“. Der Zufall wollte es, dass ich damals in unmittelbarer Nähe von Mitch Johnson gewohnt habe. Ich nahm die Herausforderung an. Noch nie hatte ich einen Jonglierschüler, der in einer Woche drei rohe Eier sicher jonglieren lernen wollte bzw. lernen musste. Normalerweise ist das Jonglieren nach der REHO-RULI®- Methode in sehr kurzer Zeit erlernbar – wie dieses

Buch beweist. Allerdings wird nur das Grundprinzip des Jonglierens vermittelt und die meisten Jonglierschnellkurs-Teilnehmer oder Leser dieses Buches können nach ca. einer Stunde vier, fünf oder acht Abwürfe.

Im Fall von Mitch Johnson ging es nun darum, in einer Woche das sichere Jonglieren zu lernen – mind. 20 Sekunden lang – nicht mit Bällen sondern mit rohen Eiern ... vor laufenden Kameras, in einem Fernseh-Studio „live“ vor 400 Zuschauern und der gesamten Familie! Wenn auch nur ein Ei beim Jonglieren verloren geht, sind auch die Herzenswünsche der Familie „futsch“. Das Ergebnis konnte sich wirklich sehen lassen. Gleich im ersten Versuch jonglierte er meisterhaft drei rohe Eier.

Massenjonglage

Immer mehr Menschen schaffen es gleichzeitig in immer weniger Minuten das Jonglieren zu lernen. Nachfolgend einige Ereignisse und Rekordversuche, die dies eindrucksvoll dokumentieren:

2003 - **1.** REHORULI®-Weltrekord: (27. Juli 2003 – Berlin)

54 Anfänger lernen zeitgleich in 60 Minuten das Jonglieren mit drei Bällen

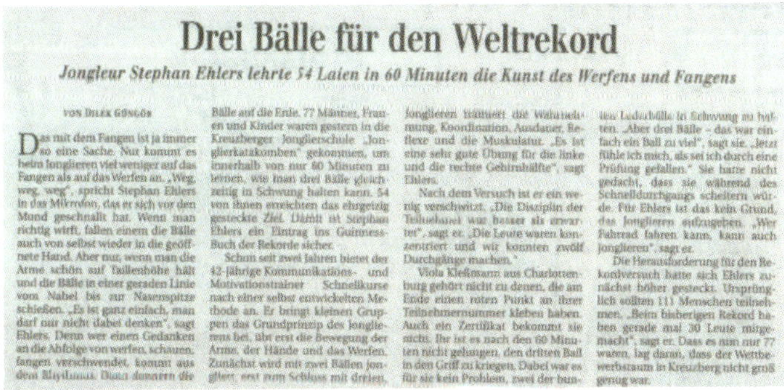

Drei Bälle für den Weltrekord

Jongleur Stephan Ehlers lehrte 54 Laien in 60 Minuten die Kunst des Werfens und Fangens

VON DILEK GÜNGÖR

Das mit dem Fangen ist ja immer so eine Sache. Nur kommt es beim Jonglieren viel weniger auf das Fangen als auf das Werfen an. „Weg, weg, weg“, spricht Stephan Ehlers in das Mikrofon, das er sich vor den Mund geschnallt hat. Wenn man richtig wirft, fallen einem die Bälle auch von selbst wieder in die geöffnete Hand. Aber nur, wenn man die Arme schön auf Taillenhöhe hält und die Bälle in einer geraden Linie vom Nabel bis zur Nasenspitze schießen. „Es ist ganz einfach, man darf nur nicht dabei denken“, sagt Ehlers. Denn wer einen Gedanken an die Abfolge von werfen, schauen, fangen verschwendet, kommt aus dem Rhythmus. Dann donnern die Bälle auf die Erde. 77 Männer, Frauen und Kinder waren gestern in die Kreuzberger Jonglierschule „Jonglierkatakomben“ gekommen, um innerhalb von nur 60 Minuten zu lernen, wie man drei Bälle gleichzeitig in Schwung halten kann. 54 von ihnen erreichten das ehrgeizig gesteckte Ziel. Damit ist Stephan Ehlers ein Eintrag ins Guinness-Buch der Rekorde sicher.

Schon seit zwei Jahren bietet der 42-jährige Kommunikations- und Motivationstrainer Schnellkurse nach einer selbst entwickelten Methode an. Er bringt kleinen Gruppen das Grundprinzip des Jonglierens bei, übt erst die Bewegung der Arme, der Hände und das Werfen. Zunächst wird mit zwei Bällen jongliert, erst zum Schluss mit dreien. Jonglieren trainiert die Wahrnehmung, Koordination, Ausdauer, Reflexe und die Muskulatur. „Es ist eine sehr gute Übung für die linke und die rechte Gehirnhälfte“, sagt Ehlers.

Nach dem Versuch ist er ein wenig verschwitzt. „Die Disziplin der Teilnehmer war besser als erwartet“, sagt er. „Die Leute waren konzentriert und wir konnten zwölf Durchgänge machen.“

Viola Kleßmann aus Charlottenburg gehört nicht zu denen, die am Ende einen roten Punkt an ihrer Teilnehmernummer kleben haben. Auch ein Zertifikat bekommt sie nicht. Ihr ist es nach den 60 Minuten nicht gelungen, den dritten Ball in den Griff zu kriegen. Dabei war es für sie kein Problem, zwei der bunten Lederbälle in Schwung zu halten. „Aber drei Bälle – das war einfach ein Ball zu viel“, sagt sie. „Jetzt fühle ich mich, als sei ich durch eine Prüfung gefallen.“ Sie hatte nicht gedacht, dass sie während des Schnelldurchgangs scheitern würde. Für Ehlers ist das kein Grund, das Jonglieren aufzugeben. „Wer Fahrrad fahren kann, kann auch jonglieren“, sagt er.

Die Herausforderung für den Rekordversuch hatte sich Ehlers zunächst höher gesteckt. Ursprünglich sollten 111 Menschen teilnehmen. „Beim bisherigen Rekord haben gerade mal 30 Leute mitgemacht“, sagt er. Dass es nun nur 77 waren, lag daran, dass der Wettbewerbsraum in Kreuzberg nicht groß genug war.

Berliner Zeitung – Berlin, 28. Juli 2003

2003 - **2.** REHORULI®-Weltrekord (23. November 2003 – Berlin)

27 Anfänger lernen zeitgleich in 44 Minuten das Jonglieren mit drei Bällen

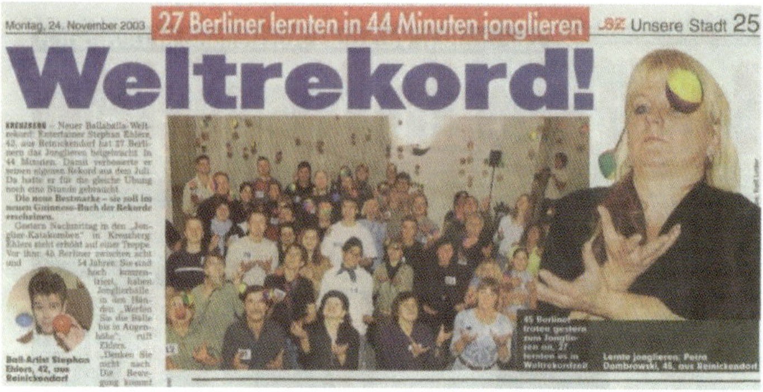

Montag, 24. November 2003 | 27 Berliner lernten in 44 Minuten jonglieren | BZ Unsere Stadt 25

Weltrekord!

KREUZBERG – Neuer Ballaballa-Weltrekord! Entertainer Stephan Ehlers, 42, aus Reinickendorf hat 27 Berlinern das Jonglieren beigebracht. In 44 Minuten. Damit verbesserte er seinen eigenen Rekord aus dem Juli. Da hatte er für die gleiche Übung noch eine Stunde gebraucht.

Die neue Bestmarke – sie soll im neuen Guinness-Buch der Rekorde erscheinen.

Gestern Nachmittag in den „Jonglier-Katakomben" in Kreuzberg. Ehlers steht erhöht auf einer Treppe. Vor ihm: 45 Berliner zwischen acht und 54 Jahren. Sie sind hoch konzentriert, haben Jonglierbälle in den Händen. „Werfen Sie die Bälle bis in Augenhöhe", ruft Ehlers. „Denken Sie nicht nach. Die Bewegung kommt

Ball-Artist Stephan Ehlers, 42, aus Reinickendorf

45 Berliner traten gestern zum Jonglieren an, 27 lernten es in Weltrekordzeit

Leute jonglieren: Petra Dombrowski, 45, aus Reinickendorf

BZ – Berlin, 24. November 2003

2004 - **3.** REHORULI®-Weltrekord (17. Juli 2004 – München)

28 Anfänger lernen zeitgleich in 33 Minuten das Jonglieren

2004 - **4.** REHORULI®-Weltrekord (1. November 2005 – München)

3 Anfänger lernen zeitgleich in 6 Minuten das Jonglieren

2005 - 5. REHORULI®-Weltrekord (24. Juni 2005 – Weimar):

64 Anfänger lernen zeitgleich in 55 Minuten das Jonglieren mit drei Bällen

Alle Rekordversuche haben gezeigt, dass die Teilnehmer zu außergewöhnlichen Leistungen fähig sind. Bei den ersten Rekorden wurden durchschnittlich zwischen 60 und 100 Sekunden von jedem Teilnehmer benötigt, um das Werfen und Fangen mit drei Bällen zu schaffen. Beim aktuellen Weltrekord wurde erstmals die „60-Sekunden-Grenze“ unterschritten. Am 24. Juni 2005 gelang in Weimar 64 Thüringern das Kunststück zeitgleich in nur 55 Minuten. Dies entspricht einem Durchschnitt von 51,5 Sekunden!!!

Thüringer Weltrekord

WEIMAR – 170 Thüringer haben gestern in Weimar einen neuen Weltrekord im „Jonglieren für Laien“ aufgestellt. Unter Anleitung des Entertainers Stephan Ehlers lernten 64 absolute Anfänger in 55 Minuten mit drei Bällen jonglieren, teilte der Veranstalter mit. Den alten Rekord hatten 54 Berliner mit einer Stunde Lernzeit gehalten. (red)

Tageszeitung „Freies Wort“, 25. Juni 2005, Seite 2

Rehoruli – und Jonglieren ist kein Problem

64 Thüringer erlernten gestern in Weimar binnen 55 Minuten die hohe Meditations-Schule

Alles ballaballa oder wie? Wer gestern ins Quality-Hotel kam, hätte es vermuten können. Denn dort warfen 189 AOK-Mitarbeiter mit Bällchen um sich. Allerdings mit einem hehren Ziel.

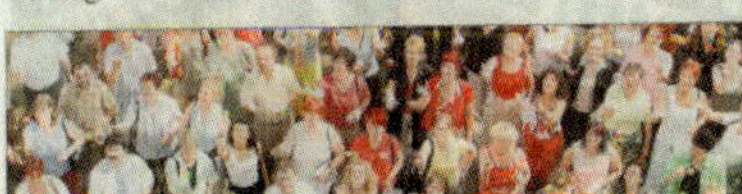

WEIMAR (ul). Es kam völlig überraschend: Mitten im schönsten Motivationstraining hieß es für 189 AOK-Mitarbeiter aus ganz Thüringen [illegible]: Ea, jetzt werden Sie einen Zieltest bestehen. Sie lernen sofort alle jonglieren. Trainer Stephan Ehlers setzte noch eins drauf: Es geht heute um die Überbietung des Weltrekords. Nach Berlin und München wollte der Münchner Entertainer in Weimar seine eigene Bestmarke toppen: Mindestens 100 Teilnehmern, alles Anfänger, in 55 Minuten das Jonglieren mit drei Bällen beibringen. Mit dem Erfolgssystem Rehoruli gelang dies immerhin 64 der AOK-ler. Und auch das reichte für einen neuen Weltrekord: Als Ehlers vor zwei Jahren startete, führte er 54 Anfänger in 60 Minuten in die Jonglier-Kunst ein.

Während die Teilnehmer ihre Unkenntnis im Jonglieren zuvor mit Unterschrift beurkunden mussten, wurde das Beglaubigen des Rekordes volkstümlicher gehandhabt. Es gab keinen Notar, „aber 189 Augenzeugen“, sagte Ehlers. Als kleines Angebinde konnten diese das Erfolgsrezept Rehoruli mitnehmen: rechts hoch, runter links – den Ball natürlich.

Thüringer Allgemeine, 25. Juni 2005

Da Du keine Rekorde brechen willst, kannst Du Dich entspannt zurück lehnen! Die Rekorde beweisen lediglich, dass das „Lernsystem“ funktioniert.

2006 - 6. REHORULI®-Weltrekord (24. April 2006 – München):

73 Anfänger lernen gleichzeitig in nur 33 Minuten das Jonglieren mit drei Bällen

DONNERSTAG, 20. APRIL 2006 — München+Region 9

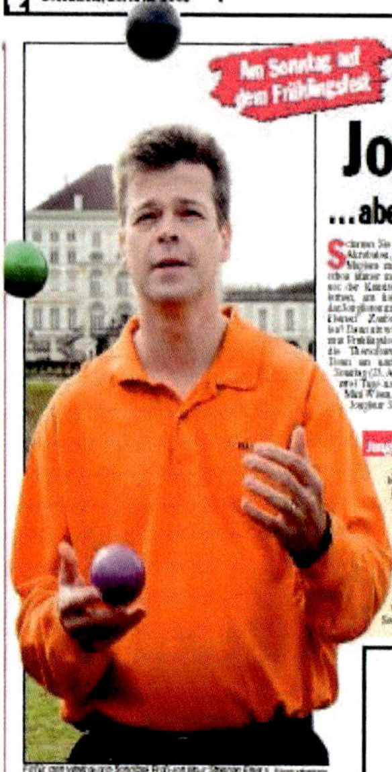

Am Sonntag auf dem Frühlingsfest

Die tz macht Sie zum Jonglage-Weltrekordler

...aber nur, wenn Sie es bis jetzt noch nicht können

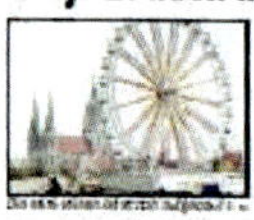

So lernen Ihre Bälle fliegen!

Frühlingsfest startet mit Weltrekord

71 Menschen lernen zeitgleich in 33 Minuten das Jonglieren / Morgen Familientag

tz **München**

Jonglier-Weltrekord auf dem Frühlingsfest! 71 Menschen haben am Sonntagnachmittag auf der Theresienwiese in nur 33 Minuten zeitgleich das Jonglieren mit drei Bällen gelernt. „Das ist sensationell!" freut sich Stephan Ehlers, Inhaber der Jonglierschule Rehoruli. Für den Weltrekord hätten sogar nur 33 erfolgreiche Frühlingsfest-Besucher gereicht.

Auch darüber hinaus verlief der Start des Fests äußerst positiv: „Strahlender Sonnenschein und unzählige Besucher – das erste Wochenende war traumhaft", begeistert sich Norbert Metzger, Geschäftsführer der Veranstaltungsgesellschaft der Münchner Schausteller (VMS).

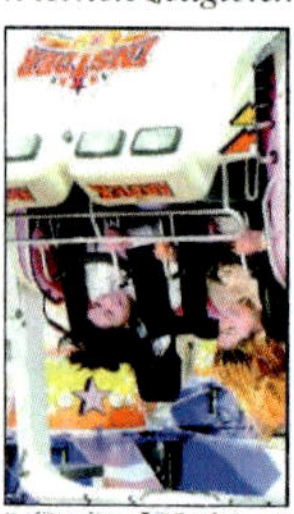

Kopfüber übers Frühlingsfest – es war ein traumhaftes Wochenende

Ein weiterer Weltrekordversuch startet am 4. Mai auf dem Frühlingsfest: Vier Barkeeper wollen ab 20 Uhr je 444 Cocktails in nur 44 Minuten mixen.

Und was ist sonst noch los auf der Theresienwiese? Heute zahlen Frauen bei der *Ladies Night* ab 19 Uhr in jedem Karussell nur einen Euro. Dienstags ist von 11 bis 19 Uhr Familientag mit ermäßigten Preisen und mittwochs kann man überall mit D-Mark bezahlen.

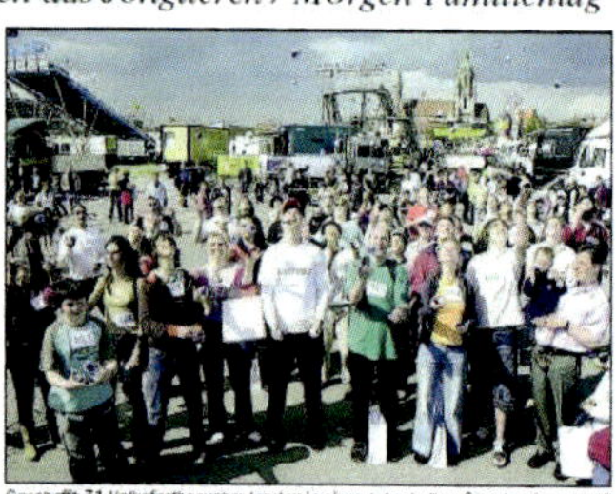

Geschafft: 71 Volksfestbesucher lernten in einer guten halben Stunde, wie man mit drei Bällen jongliert. Weltrekord! Foto: Rick Schulte, Oliver Bodmer

2008 - 7. REHORULI®-Weltrekord (19. März 2008 – Basel):

240 Anfänger lernen gleichzeitig in nur 33 Minuten das Jonglieren mit drei Bällen

Bei einer Abendveranstaltung der Firma Microsoft in der Schweiz gelang die neue Bestmarke. 240 IT-Professionals von Microsoft lernten gleichzeitig in nur 33 Minuten das Jonglieren mit drei Bällen.
Nähere Infos, Videos siehe **www.rehoruli.info/basel**

MS-Techies
bleiben am Ball

Erfolgreichste Techdays aller Zeiten

Techdays feiert Feste der Rekorde

2008 - 8. REHORULI®-Weltrekord (15.11.2008 – Hildesheim):

265 Anfänger (Mitarbeiter der Sparkasse) lernen gleichzeitig in 30 Minuten das Jonglieren mit drei Bällen

Mitarbeiterzeitung der Sparkasse

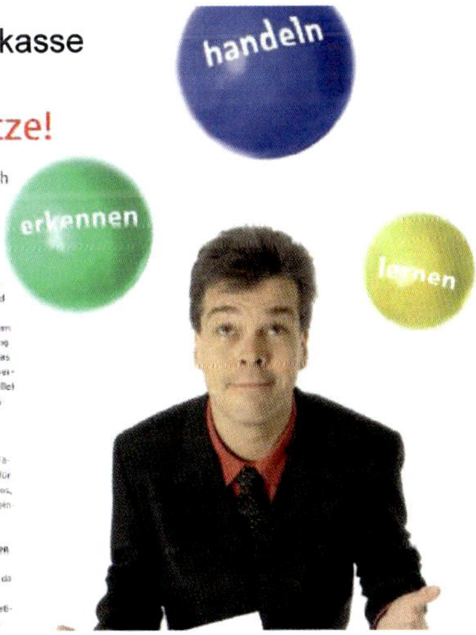

Jaaa, wir sind weltspitze!

Weltrekord im Jonglieren-Lernen fürs Guinnessbuch

Geahnt hatten wir es schon immer: Wir von der Sparkasse sind [illegible]. Nun ist es endlich [illegible] beglaubigt und fürs Guinnessbuch der Weltrekorde festgehalten. Am 15. November knackten wir auf unserer Veranstaltung „Gemeinsam stark" in der Sparkassenarena den bisherigen Rekord der Microsoft IT-Profis, von denen 240 in 33 Minuten gleichzeitig das Jonglieren mit drei Bällen erlernt hatten. Unser Rekord: In 30 Minuten lernten zeitgleich 264 von uns, drei Bälle zu jonglieren.

Niemand von uns war auf den großen Coup vorbereitet. Nachdem der Vorstand über die Zukunftsperspektiven unseres Hauses gesprochen hatte und alle 1000 Mitarbeiter aktiv in 165 Arbeitsgruppen eine Aufgabenbox mit Fragen zur Zukunft bearbeitet hatten, überraschte Moderator & Jongleur Stephan Ehlers uns [illegible], wie stark wir wirklich sind. Zunächst gab es auf die Frage „Wer von denen, die noch nicht jonglieren können, traut sich zu, in nur 30 Minuten das Jonglieren mit drei

Jonglieren bedeutet, sich auf das Wesentliche zu konzentrieren und [illegible] alles in Bewegung zu halten. Es baut durch seine beinahe meditative Gleichförmigkeit Stress ab und setzt neue Energien frei. Die Hand-Auge-Koordination stimuliert das Zusammenarbeiten der linken und rechten Gehirnhälfte, was die kognitive Leistung positiv beeinflusst. Nicht zuletzt übt das Jonglieren spielerisch, mit kleinen Überforderungssituationen (2 Hände, 3 Bälle) umzugehen. Schritt für Schritt verwandelt sich Unsicherheit in Sicherheit. Schließlich stärkt das Erfolgserlebnis, etwas Außergewöhnliches zu beherrschen, das Zutrauen zu den eigenen Fähigkeiten. Und genau darum geht es für uns: sich mit Selbstvertrauen auf Neues, auf ungewohnte Herausforderungen einzulassen.

Erfolgsmuster, um Schwieriges in den Griff zu kriegen

Es ist erwiesen, dass ein Mensch, der daran glaubt, selbst etwas bewirken zu können und auch in schwierigen Situationen aufgrund eigener Kompetenzen

2012 – Knapp verpasster Weltrekord (25. März 2012 – München):

261 Jonglieranfänger lernten gleichzeitig in nur 30 Minuten das Jonglierenmit 3 Bällen

Es war der erste öffentliche Weltrekordversuch, bei dem knapp 600 Teilnehmer gekommen waren. Das Auditorium in der BMW-Welt war bis zum letzten Zentimeter mit 580 Jonglieranfängern gefüllt. Trotz dieses sehr beengten Raumes gelang es uns, 261 Teilnehmern gleichzeitig in nur 30 Min. das Jonglieren beizubringen. Leider 4 zuwenig.

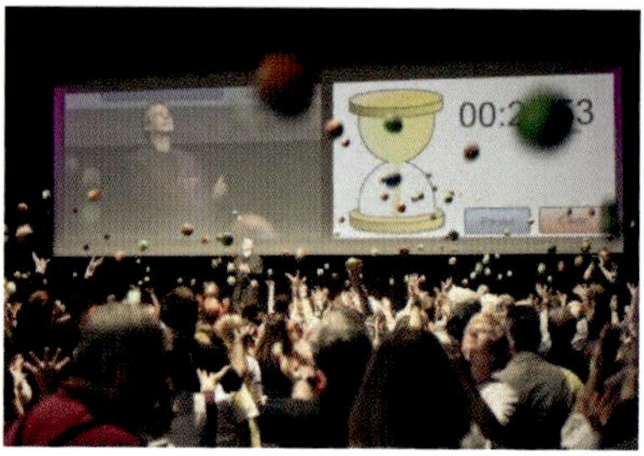

Der Münchner Merkur dokumentierte diesen Tag, ein unvergessliches Ereignis für alle die dabei waren.

Münchner Merkur

27.03.2012

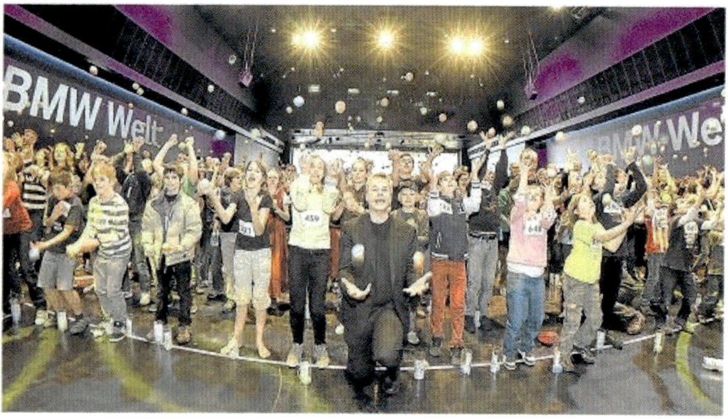

Zwölf Bälle zu wenig waren es am Ende einer aufwändigen Aktion: Am Sonntag wagte Motivationstrainer und Profijongleur Stephan Ehlers einen neuen Jonglier-Weltrekordversuch in der BMW Welt, der aber knapp scheiterte. Ziel war es, den Jonglieranfängern gleichzeitig innerhalb von 30 Minuten das Werfen und Fangen dreier Bälle beizubringen. Zwar strömten ausreichend Teilnehmer in die BMW-Welt, aber von den 580 Jongleuren schafften es am Ende nur 261, die Bälle anständig durch die Luft zu wirbeln – vier zu wenig. Damit bleibt es beim alten Weltrekord von 264 Parallel-Jongleuren. Kleiner Trost: Den Weltrekord hält Ehlers selbst.

2013 - 9. REHORULI®-Weltrekord (4.9.2013 – Ingolstadt):

445 Jonglieranfänger lernten gleichzeitig in nur 30 Minuten das Jonglierenmit 3 Bällen

Mit 3 Bällen zum Welterkord war das Ziel von etwa 800 Auszubildenden der Volks- und Raiffeisenbanken am 4. Sept. 2013 im Stadttheater Ingolstadt. In maximal 30 Min. sollten mindestens 300 von ihnen das Jonglieren mit drei Bällen lernen. Obwohl keiner etwas vorher davon wusste, haben es dann tatsächlich 445 Azubis geschafft.

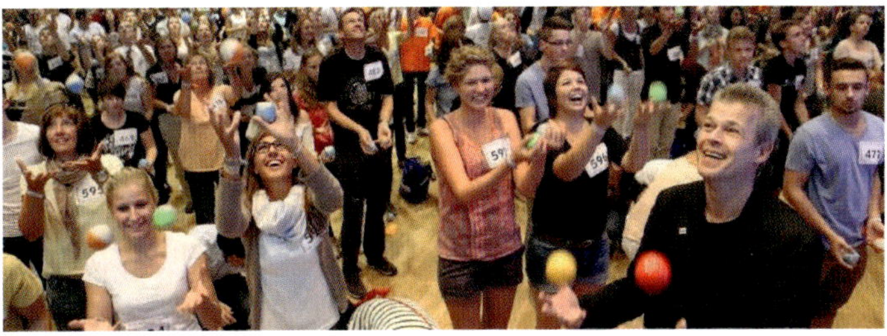

dpa meldete am 4.9.2013: **www.jonglier-fix.de/ingolstadt**

Weltrekord: Jonglieren gelernt in 30 Minuten

Ingolstadt. Ausbildungsbeginn der besonderen Art: 800 Azubis der Volks- und Raiffeisenbanken haben sich am Mittwoch in Ingolstadt in das Guinnessbuch der Rekorde jongliert. Die Herausforderung: Mindestens 265 von ihnen sollten innerhalb von 30 Minuten das Jonglieren mit drei Bällen lernen. 445 beherrschten nach einer halben Stunde die Bälle. Dreimal mussten sie sie werfen und fangen, ohne dass ein Ball auf dem Boden landete.

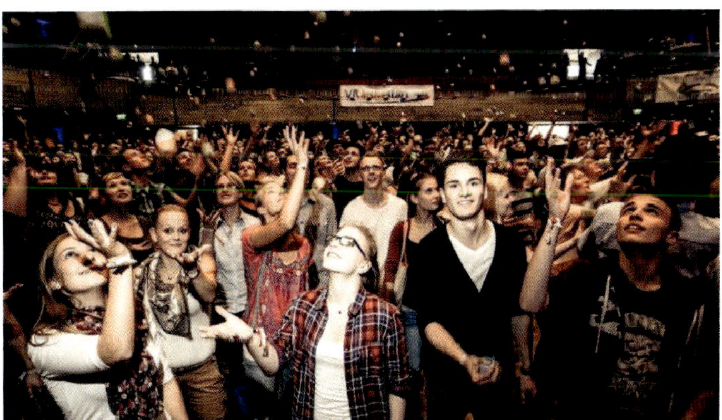

2016 - 10. REHORULI®-Weltrekord (10.7.2016 – München):

119 Jonglieranfänger lernten gleichzeitig in nur 10 Minuten das Jonglierenmit 3 Bällen

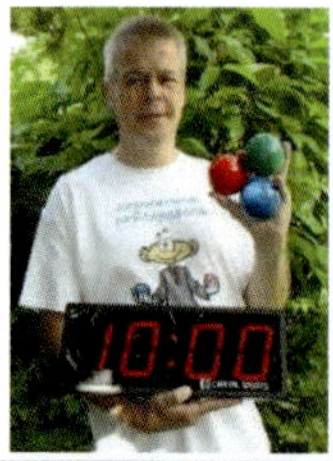

Ein weiterer Weltrekordversuch fand am 10.07.2016 auf dem Königsplatz beim Münchner Sportfestival statt: 119 absolute Jonglieranfänger, haben gleichzeitig in nur 10 (zehn!) Minuten das Jonglieren gelernt.
www.weltrekord.jonglierschule.de

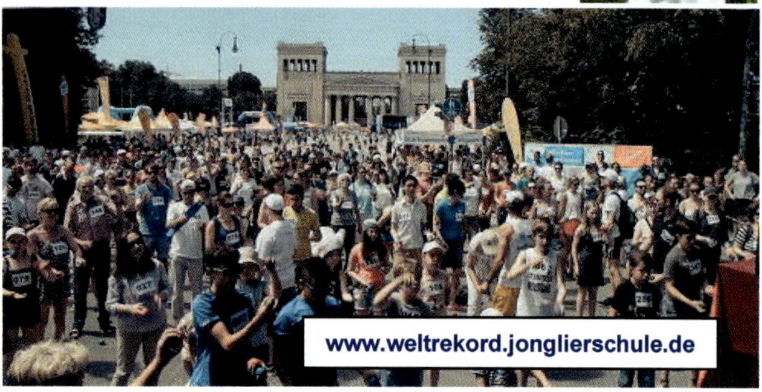

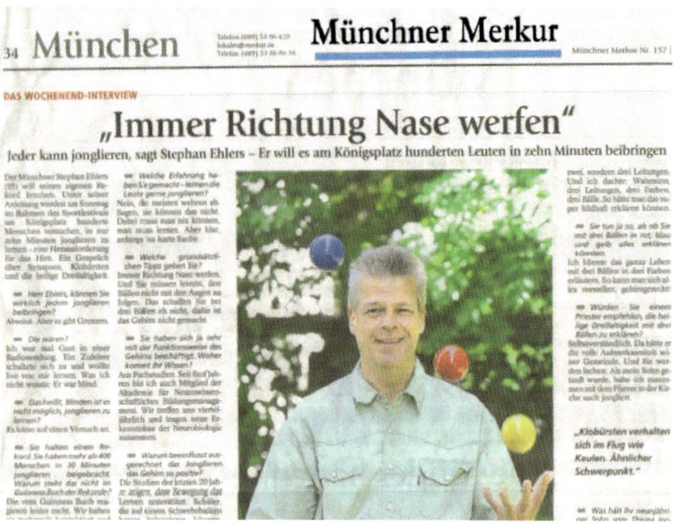

34 München — Münchner Merkur

DAS WOCHENEND-INTERVIEW

„Immer Richtung Nase werfen“

Jeder kann jonglieren, sagt Stephan Ehlers – Er will es am Königsplatz hunderten Leuten in zehn Minuten beibringen

„Klobürsten verhalten sich im Flug wie Keulen. Ähnlicher Schwerpunkt.“

2017 - 11. REHORULI®-Weltrekord (17.9.2017 – Minden):

162 Jonglieranfänger lernten gleichzeitig in nur 20 Minuten das Jonglieren mit 3 Bällen

Beim Weltkindertag in Minden haben 162 Mindener in nur 20 Min. gleichzeitig jonglieren gelernt. Weitere Infos, Video, Presse usw. siehe **www.weltkindertag.jonglierschule.de**

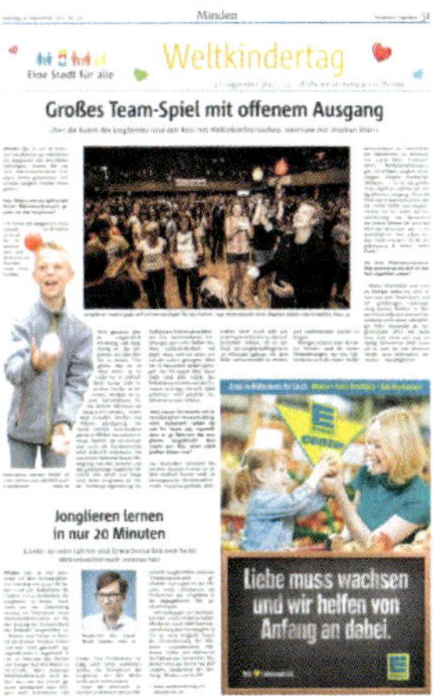

Minden

Weltkindertag

Eine Stadt für alle

Großes Team-Spiel mit offenem Ausgang

Jonglieren lernen in nur 20 Minuten

Liebe muss wachsen und wir helfen von Anfang an dabei.

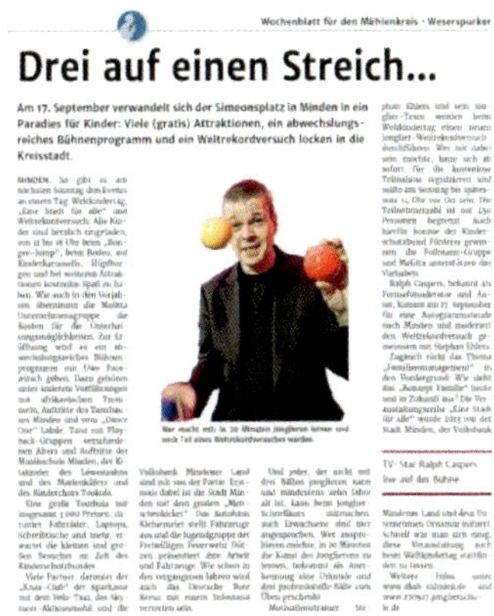

Wochenblatt für den Mühlenkreis · Weserspucker

Drei auf einen Streich...

Am 17. September verwandelt sich der Simeonsplatz in Minden in ein Paradies für Kinder: Viele (gratis) Attraktionen, ein abwechslungsreiches Bühnenprogramm und ein Weltrekordversuch locken in die Kreisstadt.

TV-Star Ralph Caspers live auf der Bühne

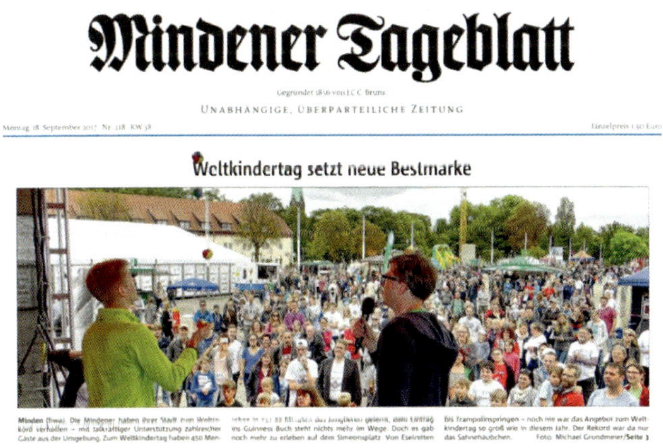

Mindener Tageblatt

Gegründet 1856 von J.C.C. Bruns

UNABHÄNGIGE, ÜBERPARTEILICHE ZEITUNG

Montag, 18. September 2017 · Nr. 218 · KW 38

Einzelpreis 1,50 Euro

Weltkindertag setzt neue Bestmarke

Minden (bwa). Die Mindener haben ihrer Stadt zum Weltrekord verholfen – mit tatkräftiger Unterstützung zahlreicher Gäste aus der Umgebung. Zum Weltkindertag haben 450 Menschen in [illegible] Minuten das Jonglieren gelernt, dem Eintrag ins Guinness Buch steht nichts mehr im Wege. Doch es gab noch mehr zu erleben auf dem Simeonsplatz. Von Eselreiten bis Trampolinspringen – noch nie war das Angebot zum Weltkindertag so groß wie in diesem Jahr. Der Rekord war da nur das Sahnehäubchen. Foto: Michael Grundmeier/**Seite 3**

2022 - 12. REHORULI®-Weltrekord (17.3.2022 – Nürnberg):

24 Jonglieranfänger lernten gleichzeitig in nur 7 Minuten das Jonglieren mit 3 Bällen

Am 17. März 2022 trafen sich etwa 100 Mitglieder der GSA (German Speakers Association) zu ihrer jährlich stattfindenden WinterConfrence in Nürnberg. Alle wurden von Stephan Ehlers mit der Idee über-rascht, zusammen in maximal 7 Minuten das Jonglieren mit drei Bällen zu lernen. Nachdem vorher alle Teilnehmer mit Unterschrift bestätigt mussten, nicht 3 Bälle jonglieren zu können, wurden die Startnummern verteilt/aufgeklebt und die Bälle verteilt. Jeder im Saal wusste jetzt „Die meinen das ernst“. Der Überraschungs-Moment war groß für alle ... keiner der Teilnehmer wurde vorher informiert. Dies machte den besonderen Reiz aus und der Ausgang dieser einzig-artigen Aktion war somit völlig offen. Stephan Ehlers konnte 20 Kongressteilnehmer und ehemalige Spitzensportler wie u.a. Frank Busemann (Silbermedaillengewinner im Zehn-kampf bei Olympia 1996 in Seoul) und Edgar Itt (Bronzemedailllen-Gewinner 1988 der deutschen 4 x 100m-Staffel bei Olympia in Seoul) als Helfer gewinnen.

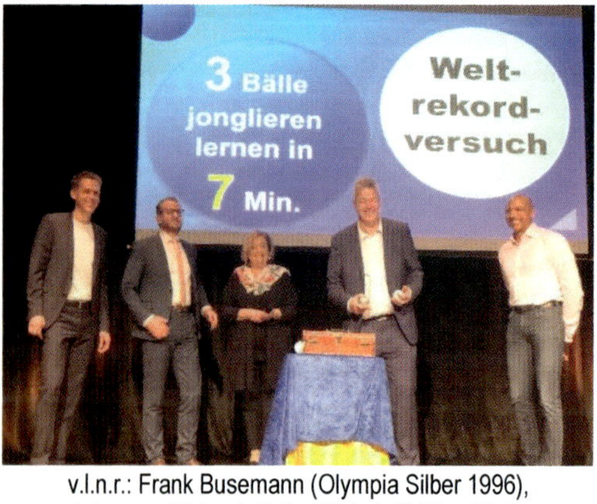

v.l.n.r.: Frank Busemann (Olympia Silber 1996), Johannes Eichenlsdörfer (Notar), Bettina Stark, (Präsidentin der GSA), Stephan Ehlers (Buchautor), Edgar Itt (Olympia-Bronze 1988 in Seoul)

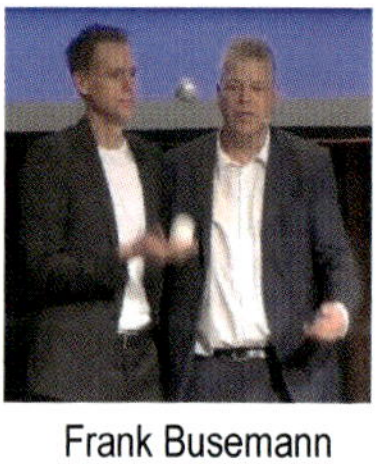

Frank Busemann und Stephan Ehlers jonglieren 3 Bälle zu zweit.

2023 - 13. REHORULI®-Weltrekord (17.3.2022 – Nürnberg):

57 Jonglieranfänger lernten gleichzeitig in nur 7 Minuten das Jonglieren mit 3 Bällen

Beim Münchner Sportfestival am 10. Juli 2023 haben **57 Münchner** auf dem Königsplatz in nur **7 Minuten** gleichzeitig das Werfen und Fangen mit 3 Bällen gelernt. Weitere Infos, Video, Presse siehe **www.7-Min.jonglierschule.de**.

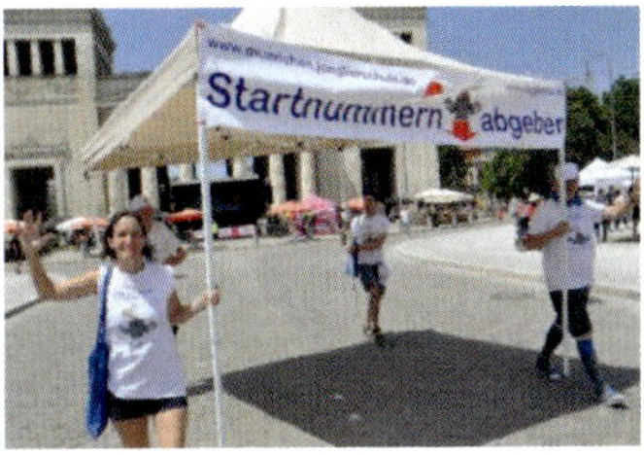

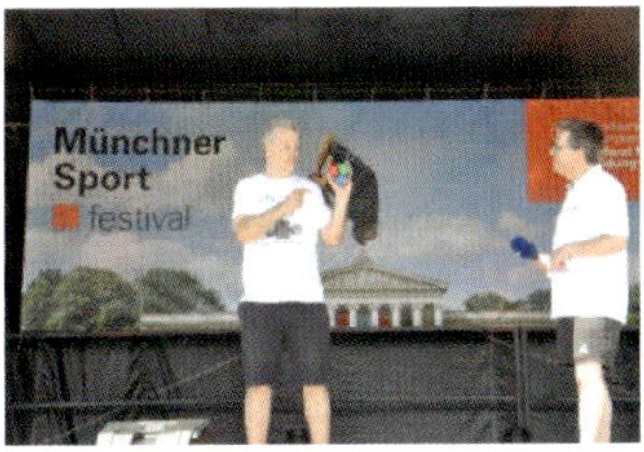

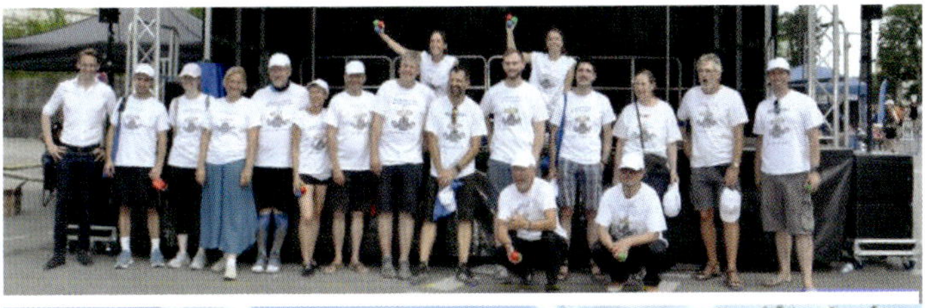

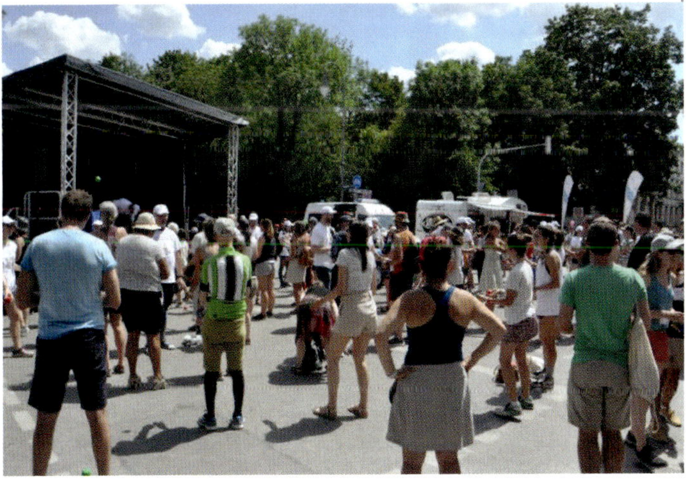

2024 – Doppel-Weltrekord (4.7.2024 - Neuss):

446 Jonglieranfänger lernten gleichzeitig in nur **30** Minuten das Jonglieren mit 3 Bällen und **196** in **20** Minuten

Am 4. Juli 2024 haben bei der 50-Jahr-Feier des Gymnasiums Norf in Neuss **466 Anfänger** in **30** Minuten gleichzeitig das Jonglieren mit 3 Bällen gelernt und **196** in **20** Minuten. Die Ergebnis Verkündung durch einen Notar wurde LIVE bei RTL-WEST-News gesendet. **www.04-07.jonglierschule.de**

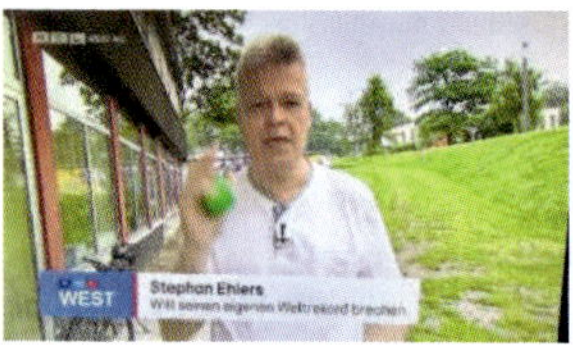

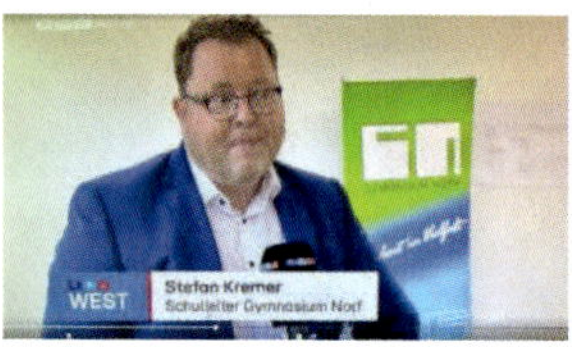

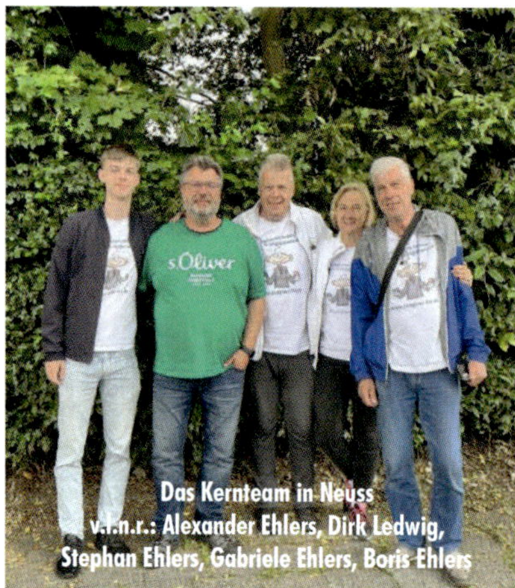

Das Kernteam in Neuss
v.l.n.r.: Alexander Ehlers, Dirk Ledwig, Stephan Ehlers, Gabriele Ehlers, Boris Ehlers

Zeitungen, Radio + TV:

RTL WEST

STADT-KURIER
Der Lokalanzeiger für Neuss

Neuß-Grevenbroicher Zeitung

NEWS 89.4
Das Radio im Rhein-Kreis Neuss

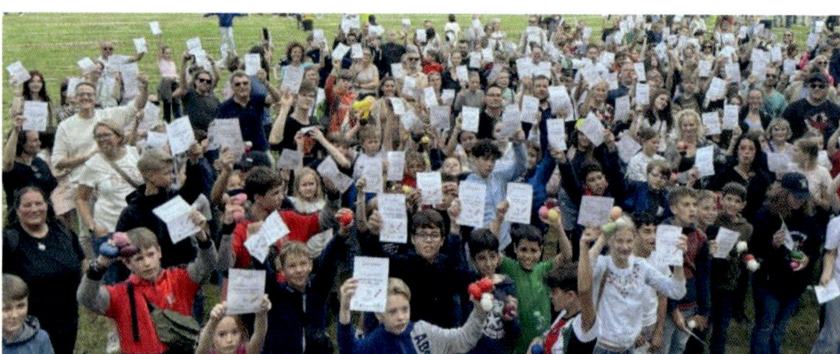

Notariell beglaubigte Weltrekorde

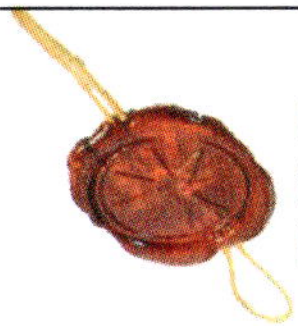

Nachfolgend die Übersicht der Weltrekorde im Jonglieren-Lernen, die notariell beglaubigt wurden:

466 Anfänger lernen in 30 Min.
das Jonglieren mit 3 Bällen
Weitere Informationen:
www.04-07.Jonglierschule.de

196 Anfänger lernen in 20 Min.
das Jonglieren mit 3 Bällen
Weitere Informationen:
www.04-07.Jonglierschule.de

119 Anfänger lernen in 10 Min.
das Jonglieren mit 3 Bällen
Weitere Informationen:
www.10-Min.Stephan-Ehlers.de

57 Anfänger lernen in 7 Minuten
das Jonglieren mit 3 Bällen
Weitere Informationen:
www.7-Min.Stephan-Ehlers.de

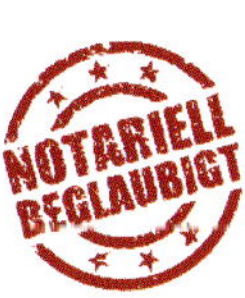

Alle Weltrekorde sind notariell beglaubigt.

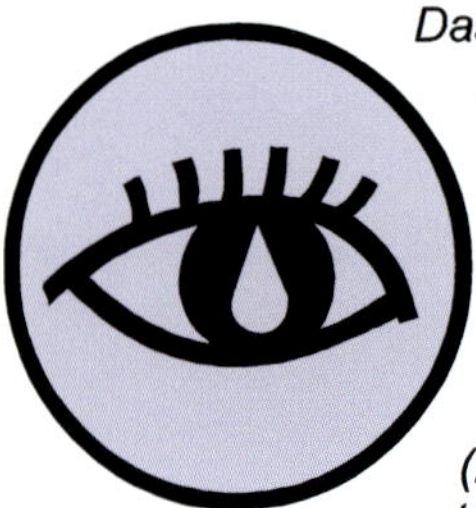

Das, was das linke Auge sieht, sieht auch das rechte Auge - glauben Sie! Denn das stimmt nicht. Um das zu überprüfen, legen Sie bitte die Spitzen von Zeigefinger und Daumen einer Hand aneinander (es bildet sich ein Kreis). Durch dieses „Loch“ fixieren Sie bitte einen Gegenstand im Zimmer. Die Hand (Zeigefinger/Daumen aneinander) ist gestreckt und der Gegenstand 2-3 Meter entfernt. Schließen Sie jetzt einmal das rechte, und dann das linke Auge und achten Sie darauf, was mit dem Gegenstand passiert. Bei einem Auge springt der Gegenstand aus dem Bild!

Das Auge, bei dem der Gegenstand ***nicht*** *gesprungen ist, ist Ihr bevorzugtes Auge. Bei den meisten ist es das rechte. Wissenschaftler haben an Tauben das Phänomen untersucht. Wie alle Wirbeltiere drehen Taubenembryos den Kopf am liebsten nach rechts. Das Licht, das durch die Eischale fällt, stimuliert also hauptsächlich das rechte Auge. Die Lichteinstrahlung macht das junge Vogelhirn asymmetrisch und dadurch können weitere Links-Rechts-Unterschiede entstehen. Beispiel: Küssen!*

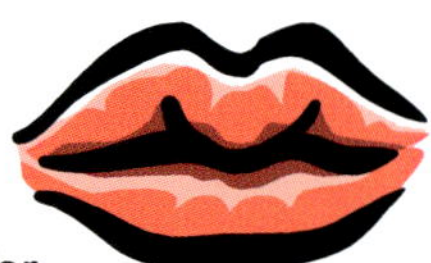

Wissenschaftler haben Paare zweieinhalb Jahre lang beim Küssen beobachtet - an den verschiedensten Orten. Sie stellten fest, dass 64 Prozent der Paare den Kopf dabei nach rechts neigen. Einige Wissen-schaftler glauben, dass diese Rechtsvorliebe schon früh angelegt ist. Auch menschliche Embryos drehen den Kopf bis zum 3. Monat häufig nach rechts.

Gesundheitsfördernde Aspekte des Jonglierens

Man verirrt sich nie so leicht, als wenn man glaubt, den Weg zu wissen. Nichts missglückt so schnell, als wenn man keine Schwierigkeiten sieht.

Sprichwort China

Es gibt eine Reihe gesundheitsfördernder Aspekte, denn beim Jonglieren kannst Du Dich (und Deine Gehirnhälften) bewegen und gleichzeitig entspannen! Egal, ob Du nun 4, 3 oder nur 2 Bälle jonglierst. Diese Bewegungs- und Entspannungsübungen tragen dazu bei, Pausen besonders effektiv zu gestalten. Wenn solche „aktiven Pausen" regelmäßig durchgeführt werden wollen oder sollen, müssen die Übungen jedoch leicht erlernbar und selbständig durchführbar sein. Das Jonglieren eignet sich deshalb hervorragend für „aktive Pausen", insbesondere für „Kopfarbeiter", „Sitzberufler" und „Wissensarbeiter". Es ist ganzjährig und überall möglich. Man benötigt keine spezielle Kleidung und kein teures Gerät. Schon kleine Jonglier-Übungseinheiten von 5-10 Minuten reichen aus, um eine erholsame und aktivierende Pause zu gestalten.

Jonglieren fördert Konzentration und Entspannung

Beim Jonglieren werden Konzentration und Entspannung gleichermaßen geschult. So gilt es zwar, geduldig und ausdauernd das eigene Jonglieren zu beobachten und sich auf seine Bewegungsabläufe zu konzentrieren, gleichzeitig bringt der spielerische Grundcharakter des Jonglierens – und die mit dieser Tätigkeit häufig verbundene Fröhlichkeit – auch Entspannung. Bei richtiger Haltung von Kopf- und Wirbelsäule ist schon beim gleichmäßigen Jonglieren mit drei Bällen ein ausgeglichener Ruhezustand erreichbar: Die dauerhaft regelmäßigen Bewegungen führen im Zusammenhang mit den gleichförmigen Geräuschen beim Fangen und Werfen zu meditationsähnlichen Erfahrungen („Jonglier-Fließzustand"), da dann das Jonglieren vom Gehirn hauptsächlich rechtshemisphärisch gesteuert wird.

Jonglieren fördert Beweglichkeit und Ausdauer

Mit den ersten Jonglierübungen wird die gleichmäßige Benutzung beider Hände, Handgelenke und Arme gefördert. Da gleichzeitig die beiden Gehirnhälften mit ihren unterschiedlichen Aufgabenstellungen eingebunden sind, dient Jonglieren der Einübung psychophysischer Beidseitigkeit. Jonglieren regt Körper und Kreislauf auf natürliche Weise an, deshalb kann es neben der Steigerung der Beweglich-keit auch zur Förderung der Ausdauer genutzt werden.

Jonglieren fördert Koordination und Wahrnehmung

Jonglieren schult die sensorischen Fähigkeiten, dies gilt besonders für die Augen. Schnelleres Fokussieren und eine Verbesserung beim peripheren Sehen führen deshalb in Verbindung mit einer sicheren Auge-Hand-Koordination zu mehr Zielgenauigkeit beim Werfen und Fangen. Der Umgang mit den Jonglierbällen oder anderen Jonglier-materialien schult außerdem das taktile Empfinden. Das Jonglieren stärkt zudem das Zeit- und Rhythmusgefühl, optimiert bei ausreichendem Training Reflexe und Balance und ermöglicht so schnelle und effektive Muskeltätigkeit, d.h. ein rationelles und angemessenes Maß an Bewegung.

Jonglieren fördert Ich-Kompetenz und Interaktion

Jonglieren erscheint Zuschauern als faszinierende, aber auch schwierige Tätigkeit. Wer jedoch mit dem Jonglieren anfängt, macht Lebenserfahrungen, die ihm in vielen Lebensbereichen helfen: Jonglieren zeigt als Lernmodell, dass man Schwieriges und Kompliziertes vereinfachen kann, um es sich dann in Teilschritten anzueignen. Diese wichtige Erfahrung schafft in Verbindung mit der ver-besserten individuellen Ausdrucksfähigkeit des Körpers und der rhythmisch-kreativen Umsetzung erlernter oder selbst erdachter Jongliertricks positive Selbsterfahrung und Selbstvertrauen. Wer Jonglieren gelernt hat, der zieht aus gewachsener Ich-Kompetenz Selbstvertrauen und ein Erfolgsgefühl.

Jonglieren kann bei Lese-/Schreibschwächen helfen

Auch wenn es (noch) keine wissenschaftlich bzw. ärztlich fundierten Beweise gibt, so kann das Jonglieren-Lernen bei Lese-/Schreibschwächen helfen. Es gibt eine Reihe von individuellen „Erfolgsstorys“ – denn Jonglieren verbessert Wahrnehmung und Wahrnehmungsempfinden bzw. wirkt über die gleichzeitige Beanspruchung der linken und rechten Gehirnhälfte direkt auf die Wahrnehmungsstörung der vorhandenen Lese-/Schreibschwächen. In jedem Fall gibt es eine Garantie darauf, dass das Jonglieren-Lernen Kinder und/ oder Erwachsene mit Lese-/Schreibschwächen nicht schadet! Das Einzige was „spürbar“ passieren kann, sind Verbesserungen.

Jonglieren spricht unterschiedliche Gehirn- und Körperregionen an

Beide Großhirnhälften

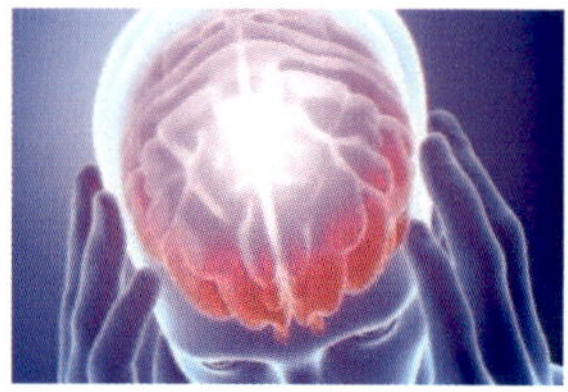

Hier werden neu erlernte Bewegungsprogramme gespeichert, die automatisch und unbewusst, über die so genannte Pyramidenbahn zu den Bewegungszellen rauschen. Das Jonglieren stärkt insbesondere die motorisch schwächere Hirnhälfte und sorgt für eine Balance zwischen den rechten und linken motorischen Programmen. Die Gehirnhälften sind über ein Extra-Bündel mit etwa 300 Millionen Nervenleitungen mitei-nander verbunden. Beim Jonglieren wird diese Region ganz besonders aktiviert. Gleichzeitig wird das Protein BDNF (brain-derived neurotrophic factor) gebildet, das für das Wachstum neuer Gehirnzellen zuständig ist.

Das Mittelhirn

In diesen Hirnregionen wird die unmittelbare Wahrneh-mung, das beobachtende Bewusstsein, das Fühlen, der Rhythmus trainiert.

Das Reptilien- oder Stammhirn

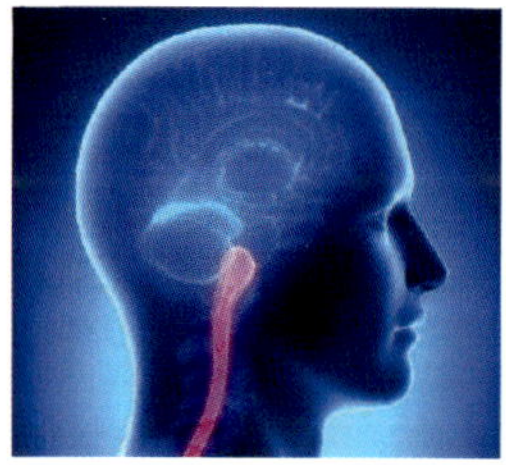

Hier werden die schnellen Bewegungsreflexe gesteuert, und die Herz-, Atem- und Immunreaktionen beruhigt. Jonglieren fördert das Zusammenspiel von Stressdämpfung und spielerischer Aktivierung (Harmonisierung von Vagusnerv- und Sympathikus-Reaktionen).

Das Kleinhirn

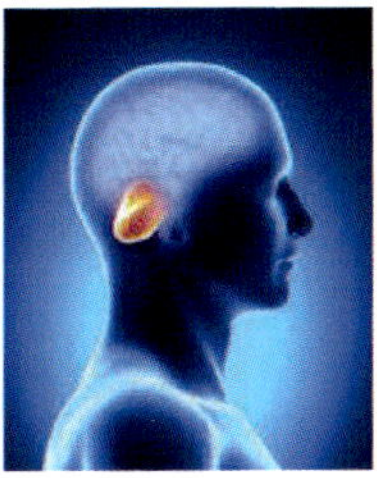

Im sogenannten Kleinhirn erfolgt die Bewegungskoordination für einen optimalen Bewegungsrhythmus. Kleinhirnfunktionen sind mit allen Bewegungen abgestimmt und ge-stalten sie „rund“ und anmutig im “Flow”.

Die Halswirbelsäule

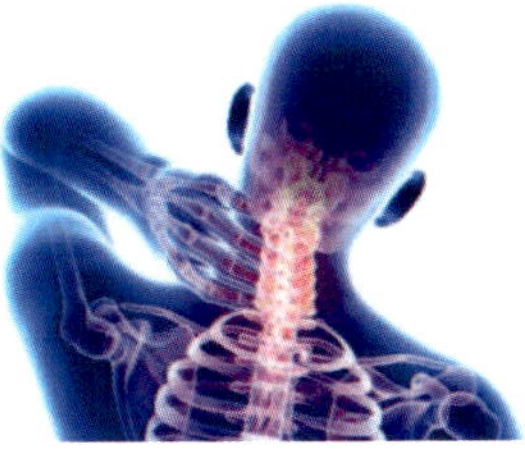

Sie ist entscheidend für die Aufrichtung des Schultergürtels und der übrigen Wirbelsäule. Methoden, die die Aufrichtung verbessern (insb. “Alexandertechnik”), sind daher optimal, um Jonglieren zu erlernen. Besonders die Hände, Arme und der Schultergürtel bewegen sich leichter, freier und müheloser.

Die Hüftgelenke

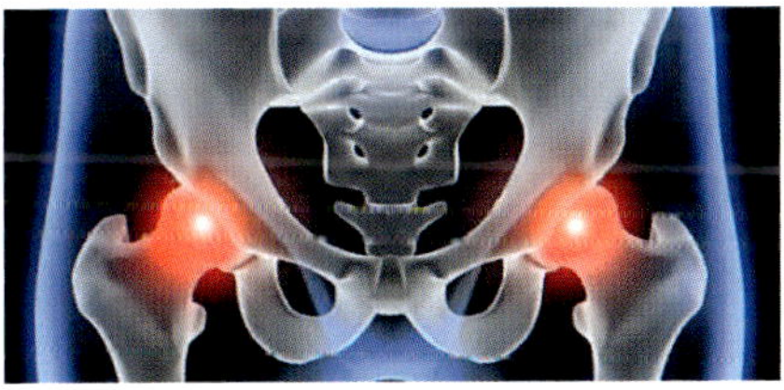

Wenn die Füße das ganze Körpergewicht aufnehmen, die Wirbelsäule sich spannungsfrei aufrichtet und die Knie zu den Zehen ausgerichtet über den Fußmittelpunkten stehen, können die Hüftgelenke frei drehen. Dann bildet die Körpermitte das Zentrum der Beweglichkeit des ganzen Körpers. Jonglieren sorgt für ein unbewusstes Hineinrutschen in eine aufrechte Bewegungsstruktur

Jonglier-Training lässt Hirne anwachsen

Niemand kann auf einen Baum steigen, der keine Äste hat.
Sprichwort, Lappland

Bisher war man davon ausgegangen, dass Erwachsenenhirne keinen wesentlichen Zuwachs an grauen Zellen mehr erhalten, sondern sich altersbedingt oder durch Krankheit zurückbilden. Wissenschaftler von der Universität Regensburg und der Universität Jena konnten im Frühjahr 2004 erstmals in einer Studie nachweisen, dass sich auch Erwachsenenhirne bei entsprechendem Training noch verändern. Das Team um den Regensburger Neurologen Arne May ließ Erwachsene (Altersdurchschnitt 22 Jahre) drei Monate lang das Jonglieren lernen. Die 12 besten Kandidaten, die drei Bälle mindestens 60 Sekunden lang in der Luft halten konnten, wurden für die Studie ausgewählt. Ihre Hirnstrukturen wurden vor dem Training, direkt nach dem Training und nach dreimonatiger Trainingspause untersucht und mit denen untrainierter Probanden verglichen.
Nach den drei Monaten ließ sich bei den "Jongleuren" eine deutliche beidseitige Vergrößerung der grauen Substanz in der linken hinteren Furche zwischen oberem und unterem Seitenläppchen des Gehirns (im intra-parietalen Sulcus) erkennen. Dieses Gebiet ist darauf spezialisiert, Bewegungen von Objekten im dreidimensionalen Raum wahrzunehmen. "Nach einer dreimonatigen Trainingspause hatte sich diese Erweiterung teilweise wieder zurückgebildet", erklärt May. "Dieses Ergebnis widerlegt die gängige Vorstellung, dass sich die anatomische Struktur des erwachsenen Gehirns nicht mehr verändert, es sei denn durch den Alterungsprozess oder Krankheit", fasst der Neurologe aus Regensburg zusammen. Die Studie belege vielmehr, dass der Lernprozess strukturelle Veränderungen in der Gehirnrinde bewirke. Welche Prozesse dabei auf der mikroskopischen Ebene ablaufen, ist allerdings noch unklar.

Zuwachs in zwei Hirnregionen

„Dabei beobachteten wir nicht nur ein Wachstum in zwei Regionen nach dem Jonglier-Training, sondern nachdem drei Monate nicht trainiert worden war, auch einen Abfall in genau denselben Bereichen“, berichtet Dr. Christian Gaser. Der Co-Autor von der Universität Jena hat bei der Vermessung der Hirne und der Auswertung der Ergebnisse mitgewirkt. Um die Veränderungen zu lokalisieren und darzustellen, wurden Aufnahmen mittels Magnetresonanztomographie (MRT) angefertigt und Ebene für Ebene analysiert. Dabei brachte der Jenaer Wissenschaftler seine Kompetenzen als Elektrotechniker und Spezialist für voxelbasierte Morphometrie ein. So heißt die Methode, mit der dreidimensionale Hirnlandschaften am Computer dargestellt werden.

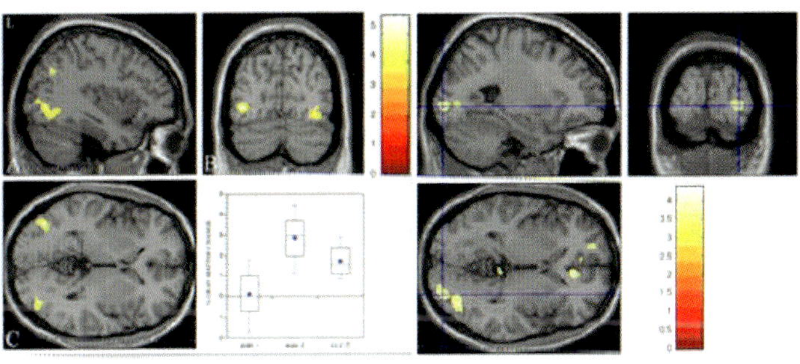

In den hellen (gelben) Bereichen nahm die graue Substanz signifikant durch das Erlernen eines 3-Ball-Paradigmas zu. Der Zeitraum zwischen den Scans betrug jeweils drei Monate. Links: Zunahme grauer Substanz bei 20-Jährigen. Rechts: Zunahme grauer Substanz bei 60-Jährigen. (c) Arne May

Quelle: DGN – Dt. Gesellschaft für Neurologie

http://www.dgn.org/presse/pressemitteilungen/272-auch-im-alter-waechst-das-gehirn

Lernbedingt oder angeboren?

„Die zwei Regionen, in denen wir Veränderungen gefunden haben, gehören zum visuellen Kortex", erläutert Gaser. In dem Gebiet der Großhirnrinde werden die Informationen der Augen verarbeitet. Eines der Areale ist für das Bewegungssehen verantwortlich. „Schlaganfall-Patienten mit einer Läsion in dieser Region sind bewegungsblind, die Bewegung z.B. eines vorbeifahrenden Autos erscheint für sie wie eingefroren", illustriert Gaser. Die zweite veränderte Region (intraparietaler Sulcus) ist u. a. für das Ergreifen von Gegenständen verantwortlich. Es leuchtet ein, dass sich diese Regionen durch ein Jonglier-Training verändern. Denn dabei muss die Ballbewegung mit den Augen verfolgt wer-den, um dann mit der Hand entsprechend schnell zuzu-greifen.

Bei einem Vergleich der guten Lerner, also der besonders guten Jongleure, mit den weniger Guten, konnten die Hirnforscher entsprechend mehr oder weniger Zuwachs in den besagten Regionen ausmachen. Doch die Regensburger Studie hat noch ein weiteres wichtiges Ergebnis erbracht. Es hatte bereits Untersuchungen an den Hirnen von Musi-kern und Taxifahrern auf lernbedingte Änderungen ge-geben. Bisher blieben die Forscher jedoch den Beweis schuldig, ob die Betreffenden schon mit „größeren" Hirnen geboren wurden oder diese erst durch Training erworben hatten.

„Dieses Problem haben wir gelöst, indem wir zu drei verschiedenen Zeitpunkten die gleichen Hirne vermessen haben", sagt Dr. Gaser. Der Jenaer Wissenschaftler aus der Klinik für Psychiatrie entwickelt derzeit die Messmethode weiter. Er will mittels deformationsbasierter Morphometrie kleinste Änderungen in interessanten Hirnregionen im Zeitverlauf nachweisen.

Originalartikel: Neuroplasticity: changes in grey matter induced by training, Draganski B., Gaser C. et al., Nature 427 (6972), S. 311-2 (22.01.04).

101 gute Gründe, Jonglieren zu lernen

Das Behagen am Dasein verdirbt sich der Mensch sehr häufig durch seine so genannten "starken Seiten" *Wilhelm Raabe*

Es muss einen Grund geben, warum Du das Buch gekauft oder ausgeliehen hast. Klar. Weil Du jonglieren lernen willst. Aber „warum“ willst Du jonglieren lernen? Interessanterweise können die wenigsten Jongleure konkret begründen, warum sie jonglieren gelernt haben. Das ist bei Dir vielleicht auch so. Jonglieren ist eine "eigene Angelegenheit" – und soll es natürlich auch bleiben. Eines haben dennoch alle gemeinsam: Jeder der jonglieren gelernt hat oder lernen möchte, ist an den inneren/eigenen Reaktionen interessiert und/oder er hat viel Neues darüber kennen lernen können. Kurz und gut. Hier sind 101 Gründe:

1) Jonglieren **lehrt zu lernen**.
2) Jonglieren lehrt, **Kompliziertes zu vereinfachen**.
3) Jonglieren fördert die **Geschicklichkeit**.
4) Jonglieren lehrt, **Gelerntes zu generalisieren**, und fördert so Lernen jeder Art.
5) Beim Jonglieren lernt man, **Ordnung in anfängliches Chaos** zu bringen.
6) Viele der **genialsten Menschen** können Jonglieren (interessant, oder?).
7) Jonglieren lehrt, **Blockaden zu überwinden**.
8) Jonglieren **reguliert den Blutdruck**.
9) Jonglieren verbessert das **Rhythmusgefühl**.
10) Mit der Fähigkeit zu Jonglieren steigert sich gleichzeitig die Fähigkeit, **geistige, körperliche und emotionale Herausforderungen zu meistern**.
11) Jonglieren stärkt die **Kondition**.
12) Jonglieren bringt immer mehr **innere und äußere Harmonie**.
13) Jonglieren lehrt den **produktiven und positiven Umgang mit eigenen Fehlern**: Fehler werden analysiert, Lösungsideen entwickelt, Lösungen umgesetzt und von Erfolg belohnt.
14) Jonglieren schafft **positive Referenzerlebnisse**.
15) Jonglieren stellt **idealen Ausgleich** zu Belastungen im Alltag dar.
16) Jonglieren bringt einen Gewinn an **Konzentrationsvermögen**.
17) Jonglieren **baut negativen Stress ab**.

18) Jonglieren lehrt, **Energien zu konzentrieren**.
19) Jonglieren fördert die **Disziplin**.
20) Verblüffender Weise steigt mit zunehmenden Jonglierfähigkeiten auch das **Selbstbewusstsein** und das **Selbstwertgefühl**.
21) Jonglieren bringt immer wieder **ungewöhnliche und neue Eindrücke**, die sich förderlich auf jegliche Denkprozesse auswirken.
22) Die Vielseitigkeit von Jonglierrequisiten bietet **immer neue Möglichkeiten**.
23) Jonglieren kann in **individuell bestimmtem Tempo** erlernt werden.
24) Jonglieren erfordert und belohnt **körperliche und geistige Präzision**.
25) Das **Gehirn** arbeitet bei dieser körperlichen Bewegung 30% mehr.
26) Jonglieren bringt **Entspannung für den Körper** und
27) **Entspannung für den Geist**.
28) Jonglieren **motiviert**.
29) Jonglieren kann **allein und auch mit anderen zusammen** trainiert werden.
30) Jonglieren steigert die **sinnvolle Selbstanalyse**.
31) Jonglieren ist eine wunderbare **Kombination aus Spiel, Kunst und Artistik**.
32) Jonglieren kann zur **Meditation** genutzt werden, vereint, Geist, Körper und Seele.
33) Jonglieren stärkt das **Körpergefühl**.
34) Jonglieren steigert die **Ausdauer**.
35) Jonglieren bringt **persönliche Erfolgserlebnisse**.
36) Jonglieren führt zur Verbesserung der **Auge-Hand-Koordination**.
37) Jonglieren ist **spielerisch**.
38) Jonglieren bringt **Freunde und positive soziale Kontakte.**
39) Jonglieren eignet sich hervorragend zur **Verbesserung des Teamworks**.
40) Jonglieren bringt **mehr Geduld mit sich selbst und anderen**.
41) Jonglieren fördert das **Ballgefühl**.
42) Jonglieren steigert das **Improvisationstalent**.
43) Jonglieren **erweitert das Gehirn**. Das haben Neurologen an den Universitäten Regensburg und Jena mithilfe von Testreihen nachweisen können.
44) Jonglieren kann auch als **Krafttraining** eingesetzt werden oder dieses sinnvoll ergänzen.
45) Jonglieren führt automatisch zur **Verbesserung der Grobmotorik** und
46) **Verbesserung der Feinmotorik**.
47) Beim Jonglieren kann man **spielerisch verschiedene Charaktere** ausprobieren.

48) Jonglieren steigert die **äußere und innere Balance**.

49) Jonglieren steigert die **Selbstkontrolle** und bringt **Selbstbestätigung**.

50) Jonglieren bietet einen gesunden **Ausgleich zur Monotonie bei manueller Arbeit**, z.B. Arbeit am Computer.

51) Jonglieren **produziert körpereigenes Adrenalin**.

52) Jonglieren verbessert die **persönliche Selbstdarstellung**.

53) Jonglieren bringt **Körper und Geist in Einklang**.

54) Jonglieren fördert auch die **nicht-dominante Körperseite**.

55) Jonglieren ist die **kunstvolle Art des Angebens**.

56) Jonglieren erhöht die **visuelle Unterscheidungsfähigkeit** und eine **Verbesserung des peripheren Sehens**.

57) Jonglieren **regt auf natürliche Weise Körper und Kreislauf an**: 3 Minuten Jonglieren macht munterer, als eine Tasse Kaffee.

58) Beim Jonglieren **erweitert sich der eigene Horizont** immer mehr, da sich die eigene Leistungsgrenze immer weiter nach oben schiebt. Was vor kurzem noch unmöglich schien, ist nun erlernte Fähigkeit und gehört zum Repertoire.

59) Ganz nebenbei macht Jonglieren auch noch **Freude**.

60) Jonglieren fördert das **Erforschen und Experimentieren**.

61) Beim Jonglieren gibt es **Systeme** für einen einzelnen Jongleur, zwei Jongleure zusammen bis hin zu unendlich großen Gruppen, die gleichzeitig an einem Muster zusammen jonglieren - und lehrt so auch **große Gruppen, erfolgreich zusammenzuarbeiten**.

62) Jonglieren **vereinfacht auch das Erlernen komplizierter Bewegungsabläufe** und fördert die allgemeine Koordinationsfähigkeit.

63) Jonglieren lehrt diverse **physikalische Gesetzmäßigkeiten**.

64) In Jongliergruppen kann jeder Teilnehmer **gleichzeitig in bestimmten Bereichen Schüler und in anderen Gebieten Lehrer** sein.

65) Jonglieren bringt innere **Ruhe und Ausgeglichenheit**.

66) Jonglieren steigert die Entwicklung von **Reflexen**.

67) Beim Jonglieren stellt man **schon nach kurzer Zeit** fest, dass man schon viel weiter gekommen ist, als man es am Anfang für möglich gehalten hat.

68) Jonglieren steigert die Entwicklung des **Zeitgefühls**.

69) Jonglieren steigert die Entwicklung von **Zielstrebigkeit**.

70) Jonglieren führt zu einer besseren **Körperhaltung**.

71) Jonglieren ist **ungefährlich und aggressionsfrei**.

72) Jonglieren kann **auf kleinstem Raum** ausgeführt werden.

73) Jonglieren ist **aufregend**.

74) Jonglieren fördert die **Durchblutung**.

75) Jonglieren lehrt, **unerwartete Situationen schnell in den Griff zu bekommen**.

76) Jonglieren lässt **persönliche Stärken und Schwächen objektiv betrachten**.

77) Jonglieren bietet eine perfekte Mischung aus Kontrolle und Variationsmöglichkeiten.

78) Gute Jongleure haben **schnelle Hände und schnelle Gedanken**.

79) Jonglieren trainiert die **Fantasie**.

80) Jonglieren wirkt zugleich **beruhigend und angenehm anregend**.

81) Jonglieren ist eine **unendliche Kunstform**, bei der die eigenen Fähigkeiten in diversen Richtungen immer mehr erweitert werden können.

82) Jonglieren fördert die **Kooperationsfähigkeit**.

83) Jonglieren ist ein ideales Gebiet zum Erlernen von **mentalem Training**.

84) Das Jongliertraining lässt sich **auch bei Krankheit und sonstigen Hinderungsgründen** durch mentales Training weiterführen.

85) Jonglieren ist ein wenig **Exzentrik im Alltag**.

86) Man kann mit Jonglieren sogar viel **Geld** verdienen.

87) Jonglieren lehrt, bewusste **Entscheidungen** vor dem Handeln zu treffen und diese **Handlung** dann konsequent durchzuführen.

88) Jonglieren fördert das **logische Denken**.

89) Jonglieren ist ein **ideales Bio-Feedback**: Entspannung, Erfolge und unerwartete Resultate werden sofort sichtbar.

90) Jonglieren ist **lustig**.

91) Jonglieren fördert die Sinne **Sehen, Hören und Fühlen**.

92) Jonglieren ist **‚beidhirnig'**.

93) und **‚beidhändig'**.

94) Jonglieren trainiert das freudige **Präsentieren** von eigenen Fähigkeiten.

95) Jonglieren ist eine unterhaltsame Verbindung von **Naturgesetzen und selbst gewählten Regeln und Vorlieben**.

96) Jonglieren steigert die eigene **Eleganz und die Ästhetik** aus Gleichgewicht, Spannung, Kontrast, Variation, Bindung und Lösung.

97) Jonglieren ist ein idealer **Ausgleichssport für die Seele**.

98) Jonglieren ist eine **schöpferische und gestaltende Kunstform**.

99) Jonglieren kann **jeder** lernen.

100) Jonglieren lehrt die **Kombination verschiedener persönlicher Fähigkeiten**.

101) Jonglieren steigert die Fähigkeit, sich auf verschiedene Dinge **gleichzeitig zu konzentrieren** und dabei jeder Handlung die nötige Aufmerksamkeit zukommen zu lassen.

Internet-Links rund um das Jonglieren

www.Online-Akademie-Jonglieren.de – Alle REHORULI®-Übungen kostenfrei als Video-Tutorial

www.rehoruli.de – Jonglieren lernen mit Erfolgsgarantie

www.jonglierschule.de - Alles rund um das Jonglieren

www.jongliertrainer.com – Übersicht der zertifizierten REHORULI®-Jongliertrainer (D, A, CH)

www.einsteigerkurs.jonglierschule.de – Termine der Jonglierkurse für Anfänger in München mit Stephan Ehlers

www.foerderprogramm.jonglierschule.de – 36-seitige Broschüre „Förderprogramm Jonglieren für Schulen & Sportvereine“ kostenfrei zum Download

www.Roadshow.FQL.de – Kostenfreie Info-Abende bundesweit in versch. Städten mit Stephan Ehlers

www.Shop.Jonglierschule.de – Jonglierbälle & -zubehör

www.kurse.jonglierschule.de – Alle Themen und Termine der Kurse/Workshops von REHORULI® und deren Trainern

www.weltrekord.jonglierschule.de –Videos, TV-Beiträge und Fotos der aktuellen Weltrekorde von Stephan Ehlers

www.BallKalkulator.de – Jonglierbälle in versch. Farben, Größen, Auflagen etc. (mit/ohne Aufdruck) kalkulieren

www.jugglingdb.com - Internet Jonglier Datenbank

www.juggling.org - Juggling Information Service

www.eja.net - European Juggling Association

www.jonglieren.at - Jonglier-Infos aus Österreich

www.jongliertricks.de - Treffpunkt für Jongleure

www.kaskade.de – Europäische Jonglierzeitschrift

www.contactjuggling.org - Kontaktball-Jonglage

www.jongl.de - Programm zur Jonglier-Simulation am Computer (Freeware, für fast alle Betriebssysteme zu haben)

Literaturverzeichnis

Alles über die Kunst des Jonglierens
Finnigan, Dave
12. Aufl. 2000. 531 Seiten mit zahlreichen Zeichnungen. 22,5 cm, Verlag: DuMont; Einband: Kartoniert, Ersch.: 2000, ISBN: 3-7701-2214-3

Business-Ballaballa
Wer im Business jongliert, sollte „richtig" jonglieren lernen. Ehlers, Stephan, Paperback, 172 Seiten, ISBN 9783-940965-08-0, FQL Publishing

Das kleine Buch vom Jonglieren
Dingman, Richard - ars edition, Erscheinungsjahr: 1996, ISBN 3-7607-3048-5

Demenz & Alzheimer vorbeugen mit Jonglieren
Ehlers, Stephan, Broschüre, 36 Seiten, ISBN 978-3-940965-55-4, FQL Publishing

Die Kunst des Jonglierens
Der Weg zu Köperbewusstsein, Ausgeglichenheit und Selbstvertrauen - Gelb, Michael J.; Buzan, Tony, Droemersche Verlagsanstalt, Ersch. 1996, ISBN 3-426-82086-2

Erfolgreich Jonglieren lernen mit 50
Ehlers, Stephan, Paperback, DIN A5, 152 Seiten, 170 Illustrationen, ISBN 978-3-940965-10-3, FQL Publishing

Jonglieren – Vitamine für das Gehirn
Ehlers, Stephan, Broschüre, 32 Seiten, ISBN 978-3-940965-19-6, FQL Publishing

Jonglieren und Englisch lernen, spielend mit Jongloro
Ehlers, Gabriele & Stephan, Broschüre, 88 Seiten, ISBN 978-3-940965-12-7, FQL Publishing

Jonglieren & Führung – Geheimnisse & Gemeinsamkeiten
Ehlers, Stephan - Taschenbuch - 60 Seiten (2015) FQL Publishing

Jonglieren in Schulen – Praxis-Handbuch für LehrerInnen und SchulleiterInnen - Ehlers, Stephan - Softcover - 212 Seiten (2022) FQL Publishing – ISBN 978-3-947104-88-8

Jonglieren lernen mit Erfolgsgarantie (REHORULI®)
Ehlers, Stephan, Paperback, 166 Seiten, über 180 Illustrationen, 1. Ausgabe 2005 – Überarbeitete Auflage 2017, ISBN 978-3-940965-00-4 (Dieses Buch!)

Jonglieren lernen mit Jongloro – Format DIN A6
Ehlers, Stephan, Jonglier-Anleitung mit 36 Seiten und 170 Illustrationen, FQL Publishing

Deutsch	ISBN 978-3-940965-11-0
Englisch	ISBN 978-3-940965-53-0
Französisch	ISBN 978-3-940965-60-8
Russisch	ISBN 978-3-940965-61-5
Spanisch	ISBN 978-3-940965-84-4
Chinesisch	ISBN 978-3-940965-82-0
Ungarisch	ISBN 978-3-940965-62-2
Japanisch	ISBN 978-3-940965-66-0
Italienisch	ISBN 978-3-940965-65-3
Türkisch	ISBN 978-3-940965-85-1
Ukrainisch	ISBN 978-3-947104-92-5
Serbisch	ISBN 978-3-947104-94-9
Koreanisch	ISBN 978-3-947104-95-6

Jonglieren lernen mit Jongloro – Format DIN A5
Ehlers, Stephan, Jonglier-Anleitung mit 36 Seiten und 170 Illustrationen, ISBN 978-3-940965-86-8, FQL Publishing

Jonglieren lernen mit Jongloro – Format DIN A6
Ehlers, Stephan, Jonglier-Anleitung mit 36 Seiten und 170 Illustrationen, ISBN 978-3-940965-83-7, FQL Publishing

Jonglieren lernen mit Jongloro –DIN A1-Poster
Ehlers, Stephan, Jonglier-Anleitung mit 36 Seiten und 170 Illustrationen, ISBN 978-3-940965-24-0, FQL Publishing

Jonglieren lernen mit Kindern.
Albath, Petra - Taschenbuch - 95 Seiten (1998) Südwest, München; ISBN: 3517076511

Jonglieren, Gaukeln, Balancieren: Der K(r)ampf mit der Schwerkraft
AOL/Freiarbeit - Erscheinungsjahr: 1997, ISBN 3-89111-392-7

Jonglieren: Vom Werfen, Fangen und Drehen
Hugendubel - Erscheinungsjahr: 1994, ISBN 3-88034-430-2

Jonglieren: Spiel mit der Schwerkraft
Klauke, Wolfgang u.a.
Edition Aragon, Erscheinungsjahr: 1995, ISBN 3-89535-400-7

Jonglieren mit 3 Bällen
Schoch, Heiko - Leicht verständliche Anleitung für Hobby-Jongleure, AOL/Freiarbeit, Erscheinungsjahr: 1994,
ISBN 3-89111-435-4

Jonglieren mit Bällen, Keulen, Ringen und Diabolo
Peter, Sabine - Das Spiel mit der Schwerkraft, Falken-Verlag
Erscheinungsjahr: 1994, ISBN 3-8068-1009-5,

Jonglieren - Kunst und Künstler
Edition Aragon - ISBN 3-89535-800-2

Zen in der Kunst des Jonglierens.
Wenn die Bälle fliegen, wachsen auch der Seele Flügel.
Finnigan, Dave - Gebundene Ausgabe - 144 Seiten (1993)
O. W. Barth, München

Video-DVDs

Video-DVD „Jonglieren lernen"
Ehlers, Stephan, ISBN 978-3-940965-15-8, FQL Publishing
Alle hier in diesem Buch beschriebenen Wurf- und Fangübungen sind auf dieser Video-DVD enthalten.

Video-DVD „80 Jonglierballtricks mit 1 und 2 Bällen"
Ehlers, Stephan, ISBN 978-3-940965-42-4, FQL Publishing

Video-DVD „160 Jonglierballtricks mit 1, 2, 3und 4 Bällen"
Ehlers, Stephan, ISBN 978-3-940965-50-9, FQL Publishing

Kid-Jo - DVD
Kid-Jo vermittelt die Grundzüge der Jonglage, zeigt aber auch in anspruchsvollen Showeinlagen, wo der Weg hinführt.

Online-Akademie

www.Online-Akademie-Jonglieren.de
Deutschlands größtes Online-Lernportal für Jonglier-Anfänger und Fortgeschrittene

Garantie-Erklärung - Geld-zurück-Garantie!

Sollte dieses Buch nicht zu dem gewünschten Ergebnis führen (3 Bälle werfen und fangen) – obwohl Du alle Übungen in diesem Buch ausprobiert hast - erstatte ich Dir das Geld für den Buchpreis in voller Höhe zurück! Hierzu brauchst Du nur dieses Buch und die Rechnung (Original-Kaufbeleg für dieses Buch) zu senden an: REHORULI®, S. Ehlers, Lannerstr. 5, 80638 München

Trage bitte außerdem auf diesen Seiten ein, warum das Buch Deiner Meinung nach nicht den gewünschten Erfolg gebracht hat. Beantworte möglichst ehrlich und vollständig alle Fragen.

❑ Ich habe alle Übungen in diesem Buch versucht.

❑ Ich habe **mehr als die Hälfte** aller Übungen ausprobiert.

❑ Ich habe **weniger als die Hälfte** aller Übungen ausprobiert und habe dann abgebrochen bzw. abbrechen müssen, weil

____

Weitere Gründe, warum ich es nicht geschafft habe.

❑ Die Formulierungen, Anweisungen der einzelnen REHORULI®-Übungen sind nicht einfach bzw. nachvollziehbar erklärt. Dies gilt insbesondere für folgende Übungen

____

Alles zusammen genommen lag es

❑ ...eher an mir, als an der Anleitung

❑ ...eher an diesem Buch als an mir

Deine Angaben werden helfen, das Jonglierlernsystem REHORULI® und/oder folgende Buch-Ausgaben weiter zu verbessern. Vielen Dank.

Bitte habe Verständnis dafür, dass eine Rückerstattung des Buch-Kaufpreises nur dann erfolgen kann, wenn Du

1. ... dieses **Buch zurück sendest**,
2. ... den **Original-Kaufbeleg** mit beifügst,
3. ... die **Fragen** wahrheitsgemäß beantwortet hast,
4. ... Name und Anschrift vollständig angegeben und
5. ... Du Deine Bankverbindung genannt hast.

____
Vorname, Name

____
Anschrift / Straße

____
PLZ / Ort

____
eMail

____
Telefon

Erstattungsbetrag auf folgendes Konto überweisen:

____________________	____________________
BLZ	Name der Bank
____________________	____________________
Konto-Nummer	Kontobezeichnung

Geschafft!?

Herzlichen Glückwunsch! Ich freue mich sehr, dass Du nun drei Bälle werfen und fangen kannst und damit die Grundlage des Jonglierens gelernt hast. Ich wäre sehr daran interessiert von Dir zu wissen, wie leicht oder schwer es Dir gefallen ist. Du hilfst mir damit sehr - zusammen mit vielen anderen Lesern und REHORULI®- Anwendern - das Lernsystem und/oder das Buch zu verbessern.

Wenn Du Dich mit anderen REHORULI®- Anwendern und/oder REHORULI®-Lesern austauschen möchtest, kannst Du Dich in der REHORULI®- Anwender-Datenbank eintragen - siehe www.rehoruli.de -

Ein kleines Dankeschön für Deine Mühe

Gerne sende ich Dir per eMail einen Link, der Dir den Download von Video-Dateien weiterer interessanter Wurf- und Fangvarianten mit 2 und 3 Bällen ermöglicht.

Du kannst mir aber auch gerne anonym ein Feedback geben - hierzu lass Deine Adressdaten einfach weg.

Feedback - REHORULI®-Anwender

Ich habe das REHORULI®-Buch gekauft am: __________

Ich habe 3 Bälle werfen und fangen können am: __________

Ich habe für das erste Mal „3 Bälle werfen und fangen" gebraucht:
___ Stunden ___ Tage ___ Wochen

Ich habe das Buch...

- ❑ ...**In einem Stück durchgearbeitet,** bis ich 3 Bälle werfen + fangen konnte
  Gesamtdauer: __________________

- ❑ Ich habe das Buch **mehrmals zur Hand genommen**, bis ich 3 Bälle werfen + fangen konnte.

  - ❑ bis zu 5-mal
  - ❑ bis zu 10-mal
  - ❑ bis zu 15-mal
  - ❑ bis zu 20-mal
  - ❑ mehr als 20-mal
  - ❑ mehr als 50-mal

Welche Übung(en) fandest Du

❑ **am einfachsten:** ______________________
Name oder Nr. der Übung

❑ **am schwierigsten** ______________________
Name oder Nr. der Übung

Wie viele Minuten hast Du durchschnittlich pro REHORULI®-Übung benötigt bzw. wie lange hast Du sie ausgeführt bis Du zur nächsten Übung übergegangen bist?

- ❑ ca. 1 Minute
- ❑ 1-2 Min.
- ❑ 2-3 Min.
- ❑ 3-4 Min.
- ❑ 4-5 Min.
- ❑ 5-6 Min.
- ❑ Länger als 6 Minuten je Übung

Ich gratuliere Dir zu Deinem Erfolg. Du hast Mut gehabt, etwas Neues dazu zu lernen und dabei sicher auch Erfolgs- und Glücksgefühle erleben können. Das schafft Mut für neue und andere Aufgaben. Vielleicht hast Du auch ge-spürt, dass mit Deiner Arbeit an und mit REHORULI® das sog. „Einssein“ möglich ist. REHORULI® bzw. das Jonglieren kann helfen, die Energie frei fließen zu lassen, so dass sie uns jederzeit zur Verfügung steht, damit wir die Ziele erreichen, die wir uns setzen. Und Ziele erreichen, heißt, Erfolg zu haben. Deshalb ist REHORULI® ein geeig-netes Instrument sowohl für das Jonglieren, als auch für (Lern-) Erfolg. Vielen Dank für Deine Begleitung durch das Jonglier- und Erfolgssystem REHORULI®.

Eine Frage zum Schluss!

Zum guten Ende noch ein Rätsel: Ich habe in diesem Buch bisher noch nie erwähnt, was denn nun REHORULI® eigentlich heißt. Wenn Du alle Deine Sinne zusammen nimmst und länger darüber nachdenkst, was REHORULI® bedeuten könnte – kommst Du vielleicht darauf. Es ist aber überhaupt nicht schlimm, nicht zu wissen, woher das Wort REHORULI® stammt, ob es eine Wortzusammensetzung oder Übersetzung ist. Sicher wirst Du jetzt darüber nachdenken oder es bereits herausgefunden haben. Wenn Du es herausgefunden hast, sei bitte so nett, verrate es nicht anderen, die gerade dabei sind, mit REHORULI® das Jonglieren zu lernen. Es ist weitaus wirksamer und besser, wenn sich jeder selbst erst einmal seine eigenen Gedanken darüber macht. Du nimmst den anderen eine Möglichkeit eines schönen Erfolgsgefühls, wenn Du das Geheimnis lüftest. Es ist ein schönes Gefühl, wenn man es selbst, ohne fremde Hilfe, herausfindet. - Die Macht der Gedanken ist immer wieder verblüffend - Wenn es Dir einfach keine Ruhe mehr lässt und wissen willst, was nun REHORULI® heißt, dann stell Dir bitte im Geiste vor, wie Du einen Ball mit der rechten Hand hoch wirfst und wie er wieder ’runter in Deine linke Hand fällt. Das war schon alles! Das ist REHORULI®. Stell’ es Dir im Geiste vor. Der Ball geht von der rechten Hand hoch und fällt wieder 'runter in die linke Hand. Noch immer keine Idee? O.K. Dann will ich Dich nicht länger quälen – schau' im Impressum nach auf Seite 6 (eine Seite vor dem Inhaltsverzeichnis). Dort habe ich die Lösung von REHORULI® in Klammern versteckt.

Noch einmal Glückwunsch für Deine Ausdauer und Deinen Erfolg ... weitere Tricks mit 2, 3 und 4 Bällen findest Du u.a. bei www.Online-Akademie-Jonglieren.de.

Weiterhin viel Freude und Erfolg
beim Jonglieren wünscht Dir

Stephan Ehlers
info@rehoruli.de

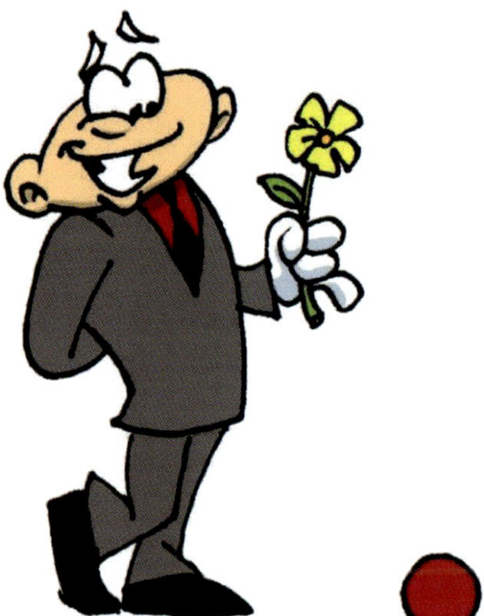

Quellenverzeichnis

- Ameri, A. (2001): **Neue Nervenzellen in alten Gehirnen**. Eine mögliche Rolle bei Reparatur und Lernprozessen. In: Extracta Psychiatrica/ Neurologica, H. 1/2, S. 12–16
- Buchner, A./Brandt, M. (2002): **Gedächtniskonzeptionen und Wissensrepräsentationen**. In: Müsseler, J./Prinz W. (Hg): Allgemeine Psychologie. Heidelberg, S. 495–543
- Budde, H. u.a. (2008): **Acute coordinative exercise improves attentional performance in adolescents**. In: Neuroscience Letters, H. 441, S. 219–223
- [19} Buhler, Toe; Graham, Ron: **The Physics of Juggling's Ups and Downs** (Tuggler's World Vol. 34, No. 3 (May 1982), pp 12-13) [20}
- Buhler, Toe; Graham, Tohn: **L'art de jongler** (Recherche Vol. 13, No. 135 (Juillet/Aout 1982), pp 856-867)
- Driemeyer, J.: **Untersuchungen zur zeitlichen Dynamik der übungsabhängigen strukturellen Plastizität des Gehirns**, Institut für Systemische Neurowissenschaften des Zentrums für experimentelle Medizin
- Dube, Brian: **Shannon's Juggling Theorem**. b/h=(d+f)/(d+e) (New York c2000)
- Ehlers, S.: **REHORULI® – Jonglieren lernen mit Erfolgsgarantie**, FQL Publishing 2005
- Ehlers, S.: **Jonglieren & Führung,** FQL Publishing 2016
- Eliot, L. (2002): **Was geht da drinnen vor?** Die Gehirnentwicklung in den ersten fünf Lebensjahren. Berlin
- Eriksson, P.S. u.a. (1998): **Neurogenesis in the adult human hippocampus**. In: Nature Medicine, H. 4, S. 1313–1317
- Hillman, C.H. u.a. (2009a): **The effect of acute treadmill walking on cognitive control** and academic achievement in preadolescent children. In: Neuroscience, H. 159, S. 1044–1054
- Hillman, C.H. (2009b): **Aerobic fitness and cognitive development**: Event-related brain potential and task performance indices of executive control in preadolescent children. In: Developmental Psychology, H. 45, S. 114–129
- Hollmann, W. u.a. (2007): **Gehirn – körperliche Aktivität und ihre Bedeutung für Gehirngesundheit und -**

Leistungsfähigkeit. In: Österreichisches Journal der Sportmedizin, H. 4, S. 6–24

- Kubesch, S. (2002): **Sportunterricht. Training für Körper und Geist**. In: Nervenheilkunde, H. 21, S. 487–490
- Kubesch, S. (2007): **Das bewegte Gehirn**. Schorndorf
- Shannon, Glaude E.: **Scientific Aspects of Juggling** (Sloane, N.J.A.; Wyner, A.D. (Eds.): Glaude E. Shannon: Gollected Papers (IEEE Press, New York 1993), pp 850-864)
- Walk, L. (2011) – **Bewegung formt das Gehirn**. Lernrelevante Erkenntnisse der Gehirnforschung. DIE Zeitschrift für Erwachsenenbildung – Ausgabe 1/2011 –

Web-Links

- **Lernen: Mit Bewegung geht's leichter** (Dez. 2012) http://www.gehirn-und-geist.de/alias/lernforschung/1173553

- **Bewegung hilft dem Gehirn auf die Sprünge** (2/2011) http://www.focus.de/familie/lernen/lernhilfen/richtig-konzentrieren-lernen_id_2111422.html

- **Kognitive Leistungsfähigkeit** (September 2013) http://www.spiegel.de/gesundheit/ernaehrung/sport-steigert-das-gehirn-leistungsvermoegen-a-917596.html

- **Jonglierball-Tricks mit 1, 2, 3 und 4 Bällen:** http://www.Online-Akademie-Jonglieren.de

- **Entwicklung: Fitness für die Schulnote** (Jan. 2013) http://www.spiegel.de/gesundheit/diagnose/kinder-schulnoten-koennten-von-sport-und-bewegung-abhaengen-a-875221.html

- **Physical Activity and Performance at School** (Januar 2012) http://archpedi.jamanetwork.com/article.aspx?articleid=1107683

- **Faust machen oder Ball drücken hilft beim Lernen** (April 2013) http://www.n-tv.de/wissen/Faust-machen-hilft-beim-Lernen-article10531401.html

Weitere Veröffentlichungen von Stephan Ehlers

Jonglieren in Schulen –
Praxis-Handbuch für LehrerInnen und SchulleiterInnen

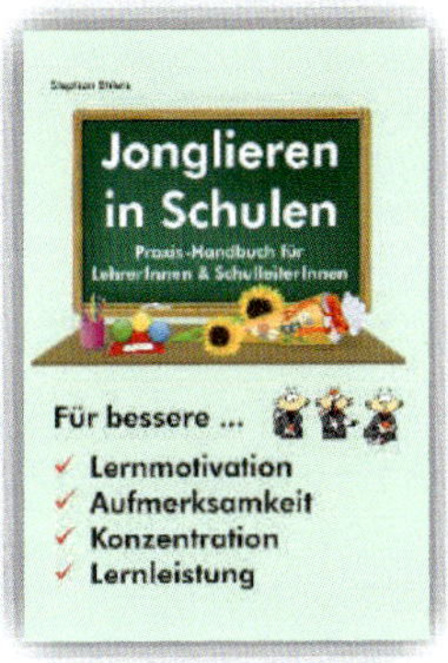

In diesem Praxis-Handbuch finden Lehrer, Schulleiter und Schulämter alles, was man für die Integration des Jonglierens in einer Schule benötigt. Umfang 212 Seiten inkl. 20 Seiten "Glossar Gehirn", in dem 68 Fach-begriffe aus dem Bereich Gehirn-Wissen erklärt werden.
eBook = 25,99 € / Buch = 29,90 €

Weitere Informationen:
www.Schulbuch.Jonglierschule.de

JONGLIEREN –
das Mehrzweck-Tool für unser Gehirn
Wie, wo und warum das Jonglieren im Gehirn wirksam ist

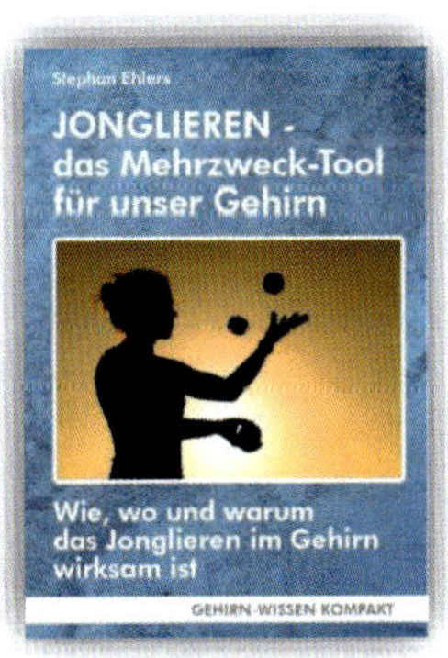

Aktuelle Erkenntnisse der Gehirnforschung können ziemlich genau belegen, warum wo und wie Jonglieren im Gehirn wirkt und welche positiven Effekte konkret messbar sind. Diese Themen werden in den ersten drei Kapiteln behandelt. Danach erfährt man, für wen sich das Jonglieren eignet, warum Jonglieren wirksam in Firmen eingesetzt werden kann und welche Lernsysteme beim Jonglieren-Lernen unterstützen können.

Weitere Informationen: www.Gehirn-Buch.Jonglierschule.de

JOKOKO® - JOnglieren für bessere KOordination und KOgnition

Die unterhaltsame Comicfigur JONGLORO präsentiert insgesamt **77 verschiedene Wurf- und Fangübungen mit 1 und 2 Bällen** in insgesamt 4 Sets. JOKOKO® Set 1 und JOKOKO® Set 2 sind für absolute Anfänger (ab 5 Jahre) sehr gut geeignet. Sie werden viel in KITAS, Schulen und Seniorenheime bzw. Altenpflege-Einrichtungen eingesetzt. Die JOKOKO® Sets 3 und 4 sind mittelschwere und schwere 2-Ballübungen, die auch für 3-Ball-Jongleure anspruchsvolle Aufgaben darstellen. Die JOKOKO®-Übungen optimieren die 3-Ball-Jonglage und geben Anregungen für neue Tricks. Die JOKOKO®-Wurf- und Fangübungen sind in verschiedenen Produktarten erhältlich:

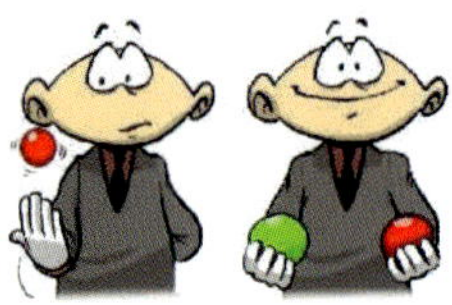

JOKOKO®-Set 1 = = 19 einfache Übungen mit 1 Ball

JOKOKO-®-Set 2 = 18 versch. Übungen mit 1 und 2 Bällen

JOKOKO-®-Set 3 = 20 mittelschwere Übungen mit 2 Bällen -

JOKOKO-®-Set 3 = 20 schwere Übungen mit 2 Bällen –

Weitere Informationen: www.JOKOKO.Jonglierschule.de

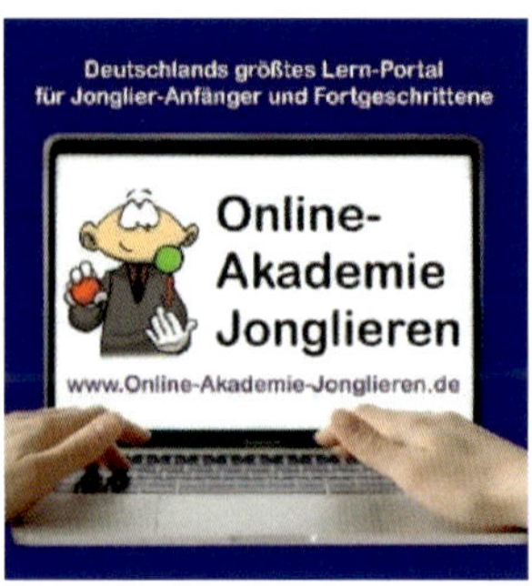

Stephan Ehlers produziert und veröffentlicht auch regelmäßig neue Videos und Produkte in der Online-Akademie Jonglieren.

Aktuell sind über 340 Produkte sowie einfache, mittelschwere und schwere Tricks mit 1, 2 und 3 Bällen mit mehr als 40 GB Videomaterial abrufbar.

Weitere Informationen: www.Online-Akademie-Jonglieren.de